思想觀念的帶動者
文化現象的觀察者
本土經驗的整理者
生命故事的關懷者

心靈工坊
[PsyGarden]

GrowUp

愛的開顯就是恩典·
心的照顧就是成長；
親子攜手·同向生命的高處仰望·
愛必泉湧·心必富饒。

10-14

歲青少年

你在想什麼？

了解您的孩子系列

Understanding 10-11-year-olds
Understanding 12-14-year-olds

作者 萊斯莉·艾默森-布魯斯（Lesley Emerson-Bruce）
雷克斯·勞爾（Margot Waddell）
譯者 林媽利、林俊育

目錄

目錄

【推薦序】

愛他，就從「了解」他開始

林怡青（台灣精神分析學會會員／精神科專科醫師）

在審閱「了解你的孩子」這一系列書籍的三年過程中，我的小孩一個正在經歷小學階段，另一個孩子則從襁褓期進入學齡前階段，因為當媽媽的實際需要，坊間各式各樣關於教養的書籍，我都有所涉獵，因而注意到許多書上對各階段孩子的觀察，有些太過單向思考，或者說太過著重在孩子身上，以致於常常忽略了孩子瞬間的情緒行為表現，它可以代表許多不同的面向：可以代表孩子單方面的情緒狀態；也可能是照顧者與孩子互動的結果（比方說照顧者當下覺得孩子是故意來找麻煩的，於是就將孩子當成對抗者一樣來修理，結果使得孩子更加情緒化）；更可以是母親或照顧者的主觀感受（比方說照顧者覺得孩子太調皮，但老師或周遭的長輩們或許都覺得他很懂事而且還帶些害羞呢）。事實上，母親（照顧者）這個人無論是在價值觀、情緒成熟度、個人特質，以及與過去照顧她的人（如外婆外公）的互動模式，對於教養出什麼樣的小孩以及孩子的情緒發展都會造成很大的影響。而這套書對於不同階段孩子的心理與情緒狀態的描

述，沒有太多的論斷或建議，反倒是著重在提供照顧者一種多元的思維，特別是關於孩子獨特的、甚至是可能與一般觀念相反的潛意識表達，這對於處在母職現在進行式的我而言，真可說是一帖良藥。

　　本書也一再提醒讀者在教養孩子時，應多方面地理解他們情緒、行為背後的原因，在孩子聲嘶力竭的哭泣或是生氣的背後，可以是難過、嫉妒、思念、焦慮、壓力或是憤怒等不同的感受與想法，而並非只是一個「有夠情緒化的磨娘精」或是用「情緒障礙」、「過動兒」、「高功能自閉症」等診斷名稱來代表一切的孩子。我也漸漸發現，在與孩子相處的過程中，母親要適度發揮想像力加上思考力來理解孩子（作者們常常鼓勵媽媽們，要回想自己和孩子年齡相仿時的感受與記憶），而這正如同英國分析師比昂（Bion）所強調的，母親在幫助孩子心智發展過程中「隨想」（reverie）的重要性——母親要能將原先無法被孩子思考的內容轉變為可以被思考的思想，再回饋給孩子。

　　從這些點點滴滴中我深刻體會到，「了解」真的是親子相處時最重要的歷程。但是，如同心理治療師要了解個案並不容易，同樣地要了解自己的孩子也絕不會比較輕鬆。孩子變化的速度很快，明明三個月前還能穿的衣服，怎麼一下子就不能穿了；明明昨天還管用的理解，怎麼今天就失效了。套用精神分析的語言就是：作為孩子情緒容器的母親，你對孩子的了解與想法也必須時時做調整。而這一套書對各個年齡層的孩子（零到十四歲）不同

心理狀態的詳盡介紹，可以協助我們用一種「淡定」的心情來理解自己的寶貝。

　　「了解你的孩子」這套書是由英國倫敦的塔維斯托克診所（The Tavistock Clinic）內許多資深的兒童與青少年心理治療師聯手完成的。沿襲著該機構推動社會預防與心理衛生的宗旨，該套書因應時代的變遷而數度改版，這次為第三次重新撰寫；前兩次分別於1960年與1990年出版、這次則於2004年出版。每次出版時，作者們都會依據他們當時所做的無以數計的嬰幼兒觀察和經歷過的臨床現象來重新描繪何謂「正常的發展」。本系列後兩本書所介紹的是學齡期到青少年的階段（六歲到十四歲）──在此時期，自我的發展不斷透過學習而開展；孩子們十分在意自己是否為同儕所接納，小團體因而形成；是非對錯及公平性在此階段格外重要；九歲開始進入青春期前期，父母開始感受到孩子們不再是昔日那個小男生或小女孩；十二歲之後更明顯地，孩子在許多觀念與想法上都刻意與父母有所區隔。除此外，本次改版已提及一個直到目前仍一直在發燒的議題，那就是「網路及3C時代的來臨對孩子的影響性」，由此觀之，這套兒童情緒發展的書的確跟得上時代的潮流。當然，孩子的心理與情緒發展除了受到時代變遷的影響外，台灣與英國文化上的差異，也會讓我們在看到書中所描述的孩子時會產生些許陌生感，譬如兩國之間學齡兒童課程安排的不同、學制不同、青少年次文化更是非常不同，而且似乎隨著孩子年齡的增長，跨文化之間的行為差異會變得更大。

但其實作者們強調，內在情緒的本質並未有所不同。比如，由於毒品的取得在英國國內不是太困難，許多十二到十四歲的青少年會有酗酒，以及接觸嗎啡、大麻等毒品的經驗，但作者說「這類行為的背後常常是為了要逃避壓力與衝突，尤其當這些衝突是因為不快樂、無能為力和自卑感所引起……」（《10-14歲青少年，你在想什麼？》第六章）。在台灣，青少年的毒品氾濫問題也許不如歐洲嚴重，但日益增多的「懼（拒）學症」青少年，與濫用毒品的英倫青少年正好有類似的內在情緒狀態。此外，書中內容雖是以英國孩子為主，但許多跨文化的相似現象，例如日益增加的單親家庭對不同階段孩子的影響，在這一套書中也著墨不少，對有相似經驗的台灣媽媽讀者來說，應該會覺得格外有收穫。

正如兼具兒童精神科醫師與兒童精神分析師的美國知名特殊兒童療育專家史丹利‧葛林斯斑（Stanley I. Greenspan）醫師所強調，情緒培育是孩子學習與發展其他能力的基石，嬰兒早期的情緒認知發展也是在以互動關係為基礎下而開展的。因此，愛他，就從了解他開始。沒有一個母親不希望自己的孩子是健康快樂的，但如果孩子的快樂是奠基在母親是否願意花心思去了解並看見孩子的獨特性、真實需求與他們內在時而快樂時而擔憂的脆弱情緒呢？沒有一個母親希望看到自己的孩子落後同儕，但如果成績與才藝表現優異，並未與孩子內在的快樂、喜悅與自信成正比呢？也許，許多母親會跟我在接觸「嬰幼兒心理衛生」的概念

之前一樣，只期待孩子的內在情緒快樂正向，而不想接受和害怕孩子可能會有擔憂、害怕、敵意、自卑或是對母親具有攻擊性（但卻是正常的情緒發展現象）的負面情緒及行為。有趣的是，一旦這些負面的情緒可以為母親所理解與接受，孩子就會感到無比的放鬆與放心。

　　如果，看了以上的文字可以讓你產生一些共鳴的話，那麼，請翻開這套與眾不同的書，細細品味它，必定會讓你有滿載而歸的感覺。

【前言】

塔維斯托克診所在訓練、臨床心理健康工作、研究和學術上有相當卓越的成就，享譽國際。塔維斯托克成立於1920年，從歷史可看出它在這個領域所做的突破。起初塔維斯托克的目標是希望其臨床工作能夠提供以研究為基礎的治療，進行心理健康問題的社會防治與處理，並且將新的技巧教給其他的專業人員。後來塔維斯托克轉向創傷治療，以團體的方式了解意識和潛意識的歷程，而且在發展心理學這個領域，有重要的貢獻。甚至對圍產期（perinatal，註）的喪親哀慟經驗所下的功夫，讓醫療專業對死產經驗有更進一步的了解，也發展出新的支持型態去幫助喪親哀傷的父母和家庭。1950和1960年代所發展出來的心理治療系統模式強調親子之間和家庭內的互動，現在已經成為塔維斯托克在家族治療的訓練和研究時的主要理論和治療技巧。

「了解你的小孩」系列在塔維斯托克診所的歷史佔有一席之地。它曾以完全不同的面貌發行過三次，分別是在1960年代、1990年代和2004年。每次出版時，作者都會以他們的臨床背景和專業訓練所觀察到和經歷過的特別故事來描繪「正常的發展」。當然，社會一直在改變，因此，本系列也一直在修訂，期望能夠使不斷成長的小孩每天在和父母、照顧者以及廣闊的外在世界之間的互動內容呈現出應有的意義。在變動的大環境之下，有些東西還是不變的，那就是以持續不間斷的熱情，專注觀察小孩在每

個成長階段的強烈感受和情緒。

　　本書第一篇的內容著重於十到十一歲的年紀，這個階段的孩童們不再幼小，且「終於」長大到了夢寐以求的兩位數年紀。他們開始了解成人世界，並想要參與其中。他們會經歷逐漸獨立的過程，同時卻又相當渴望屬於某個團體中的一份子。作者芮貝佳‧伯格斯（Rebecca Bergese）闡述了許多與家長和專業人士相關的議題，例如如何在支持孩子們的同時也給予他們更多的自由；了解孩子們在此階段身體變化的感受，以及學校生活與霸凌行為。作者對即將進入青少年期的孩子們提供了中肯的建議。

　　第二篇內容讓我們開始了解在這個階段發展過程中的許多面向，如獨立、界限的測試，以及對生理與心理變化所產生的影響。作者瑪格‧瓦戴爾（Margot Waddell）透過深思熟慮的見解、利用生動的案例，真實地呈現這些議題。她了解這些「新的」議題其來有自，並且在這個轉變過程中，對於獨立的強烈渴求與過往的行為模式和對安全感的希冀，這兩者之間的衝突時期，提供了栩栩如生的描述。

　　　　　　強納森‧布萊德里（Jonathan Bradley）
　　　　　　兒童心理治療師／「了解你的小孩」系列總編輯

註：**圍產期**，指的是圍繞在新生兒出生前後的那段時間，包括產前、生產和產後，通常指懷孕第七個月到新生兒出生後第一週的這段時間。

林怡青／提供

——第一篇——

迫不及待要長大的
大小孩
10-11歲兒童

文／芮貝佳・伯格斯（Rebecca Bergese）

【介紹】

她背對著我坐著，那是一個高挑的女孩，有著一頭梳理整齊的金髮，她舒舒服服地坐在家門口前的花園圍牆上，等著媽媽回來。女孩身上穿著時下流行的粉紅色上衣，配上邊緣磨損的舊牛仔褲，牛仔褲外還套著一件條紋小短裙，脖子上掛著數條銀製項鍊，以及長耳環。

艾雯在膝蓋上玩弄著一些小東西。走近一步，我看到她正試著整理一些糾纏在一起的金屬物品——一把梳子、一隻小貓咪、一顆閃亮亮的心型吊飾、一隻海豚、一隻毛茸茸的松鼠，以及一個木製的非洲大陸地圖，所有的鑰匙圈都掛在她的書包上。艾雯轉向我，解釋自己想要把這些整理一下，因為書包掛了太多東西而越來越重。這些掛在書包上的鑰匙圈收集品就像是一串獎牌，有暑假去遊樂園玩、參加朋友生日派對，或全家去海邊度假時所得到的戰利品。她給了我一個燦爛的微笑，就好像把我視為知心好友一般，接著繼續告訴我下學期她會需要一個新書包，因為現在這個已經不夠大了。「你覺得我們會有儲物櫃嗎？」艾雯問我，好像在看與「中學」有關的電視節目，並從中搜尋所需要的相關知識。我告訴她，我想在新學校裡她會有一個新的儲物櫃，但我不認為在需要趕到下一個上課教室的短暫下課時間裡，她會有時間使用它。艾雯注意到我的包包，並問起我的家庭。她很好奇，納悶著十六歲的人喜歡做些什麼事情。當我正打算繼續踏上

回家的路途時，艾雯的媽媽回來了。

　　一群男孩子從附近的人行道上走來，許多長腿和大腳，讓人以為他們有著不修邊幅的外表，他們互相半推擠著，有所期待且急切地將身體向前傾，看起來似乎相當緊繃，踢著一顆沒氣的足球沿著街道走著。並不是很吵雜，就如同他們的足下功夫一樣，當這群孩子的音量在空氣中蔓延開來時，讓人有種錯覺，以為他們是一大群人，互相催促著對方。當這群男孩經過我的時候，音量降低了些，動作也慢了下來，表示他們有所警覺。其中一個身材較為矮小、膚色蒼白的黑髮男生，試著描述他在下午朋友生日派對上所看到的一顆足球。當快要經過我旁邊的時候，他很自動地和其他人一樣，暫停想要繼續討論的熱切情緒，並降低了音量。我微笑著向他們走去，只見到四顆閃避的腦袋，和光滑如草地般滑順的頭頂，因為他們都留著和運動員一樣的小平頭。一個男生和他的朋友計畫著，要是大家能夠湊到足夠的錢去買一顆新足球，晚一點就可以在街尾碰面，繼續完成剛剛在公園裡未比完的罰球比賽。另外一個男孩很有自信的保證，要大家不用擔心，他爸爸在家裡有一個放滿零錢的罐子，他可以借到足夠的錢在街角的雜貨店裡買一顆。看來，他們已經計畫好要如何愉快地度過下午的時光了。

　　在不遠處，艾雯短暫地看了這些男孩們一眼，然後，甩了甩眼前的頭髮，跟著媽媽走進家門。

「兩位數」的年紀

　　一旦孩子開始上學，學習數數，了解數字的讀法與意義之後，他們就會迫切期望快點長大到十歲的年紀──兩位數的年紀！對於一個七、八歲的孩童來說，十到十一歲的年紀代表著成熟、智慧和沉穩。十一歲的孩子被賦予某種程度的獨立能力，這個能力表面上象徵較高的地位。我們大人的觀點可能迥然不同，但對十一歲的孩子而言，這個時期可以是很簡單快樂的，或是作為探索更複雜情緒的開端，這都是本書會討論到的主題。

　　在接下來的章節中會著重於這個年齡層孩子的觀點，他們不再幼小，反而開始學習一些技巧與養成某些看法，而且與將來長大成人後的行為與態度竟相去不遠。這些針對十到十一歲孩子的觀察均是以精神分析師，如佛洛伊德（Sigmund Freud）、克萊茵（Melanie Klein）、比昂（Wilfred Bion）及溫尼考特（Donald Winnicott）等人，對於心理學上的了解和理論為基礎而展開。但本書並不是精神分析學派的指南或教科書，僅是對十到十一歲孩童世界的說明，以及這個階段的情緒發展。本書使用精神分析學家的看法，是起始於假設人類的情緒均是生命本身固有的本質，因此，我們的情感常常對其他部分，如生理健康、思考能力，以及對周遭世界的理解能力，均造成極大的影響。

　　在本章節開頭所描述的孩子們即將邁入十一歲，正處在小學生涯的最後一段時間，滿心期待著暑假前的慶祝活動。他們即將面臨升上中學（secondary school，譯註：英國的secondary school

第一年,即year 7,相當於台灣的小學五年級)所帶來的改變,
進入新學校,重新體驗身為較為「幼小」的族群,再次引發稍早
在小學低年級時的混雜感受。有些孩子有哥哥姊姊,因此他們在
成長過程中,已站在旁觀者的角度經歷過這個時期所有的轉變。
或許可以慢慢融入年齡較大的孩童之間也是一種慰藉和樂趣。排
行老大的孩子,像艾雯一樣(有兩個妹妹),覺得自己很幸運,
迫不及待地想要長大,成為青少年,如此一來就可以選擇想穿的
服飾、用MP3聽喜歡的音樂,或擁有手機。十歲女孩們的生活是
輕鬆有趣的:和朋友相約去游泳;或相互分享從少女雜誌上剪下
來的圖片,例如,自己喜歡的男孩團體,或明星模特兒;或不自
覺享受身為某個團體其中一員的感受,如參加腳踏車隊或當地的
管弦樂團。有天她們會長大成人,會和她們所看到年紀較大的女
孩們有著相同的興趣及從事相同的活動,她們這些想法念頭對她
們來說都還很遙遠。為了呼籲民眾重視臭氧層破洞的議題,而加
入當地慈善團體所舉辦的募款活動,還是比較有趣的。擔憂生活
費是否夠用,或是要如何處理祖父的健忘狀況等日常生活瑣事,
就留給大人們去煩惱吧!

接下來的內容會深入地探討這個年齡層孩童的世界,他們
即將要與以家庭生活為重心的早期經驗告別,邁向一個更獨立且
自我認知的狀態,而且要面對比以往更多元且嚴峻的挑戰。試著
了解這個年齡層孩童的觀點,可以想像他們在生命的這個時刻所
擁有的擔憂與煩惱,以及喜悅與快樂,藉此,當有任何困難發生

時，我們便有足夠的參考資訊來提供必要的協助。

　　就如同其他年齡層一般，孩子在發展上總會有許許多多不同的個別狀況，即使是相同的生理年齡，每一個孩子的發展進程都不盡相同。但是，可能改變觀點、情緒出現極大變化，以及生理與心理的漸趨成熟，都是這個階段的孩子會有的共同特徵。最常見的狀況是，若是造訪學校裡一個十歲孩童的班級，你會看到一群孩子當中，有些個頭嬌小瘦弱，像七、八歲的小朋友，也有高大、像青少年般的男孩或女孩，有些由身體上的變化就可看出已經要轉成大人了，有些高挑修長，但在班上卻是很會搞笑的。有時候，很難相信這些都是同一個年紀的孩子。

　　雖然現在這個階段還不算是青少年，但這個時期的孩子渴望得到更大團體的認同是最為明顯的特徵，他們喜歡成為一個團體的創始會員；同時，對於漸漸發展出的自我認同，甚至是之後的自我獨立生活，他們也會很努力地想要更加了解。

譯註：英國學童五歲便進入小學就讀，五到六歲就讀小學的一、二年級
　　　（幼兒部），七到十歲就讀小學的三到六年級（初級部），十一歲
　　　時便會進入中等學校就讀，包括一般免試升學的中等學校，有一成
　　　的孩童會就讀其他專科中學，因此會有換學校就讀的情況。

第一章

孩子要從家裡向外展翅高飛了

十到十一歲的孩子已擁有自我意識，

也具備抽象和道德上的判斷能力，開始發展對世界的看法，

探索自己在天地之間的位置，

他們會尋求更多朋友、同儕，

以及祖父母和其他親戚的認同。

家長在驚訝孩子的逐漸獨立，甚至覺得有點受傷之餘，

記得提醒自己，孩子終究是要與我們分離的。

多和孩子分享自己的看法和意見，

孩子會很高興和自在，

並與父母建立起新的互動模式。

在現今的社會，孩子對於不同的家庭組合型態有較多的理解。在學校裡他們會遇到有同學只有一位家長的，或是有不同的照顧者，相同性別或不同性別的。若是沒有父親和母親，以及幾位兄弟姊妹，孩子也不會覺得自己和其他人有所不同。由不同年齡層的家人所組成的家庭，反而讓他們擁有一種團結的感受，覺得這是一種普遍的情況。十到十一歲的孩子會在學校或社交場合中遇見來自不同家庭組合的朋友，有些到目前為止都和父母同住，有些曾經與親生父母一起住過，而現在則是和繼父母同住。家人和家庭生活對孩子的影響是相當深遠巨大的，這年齡的孩子也不例外，如何影響、對孩子可以提供多少支持，全然取決於他們之前的生命經驗及原來對世界的觀點和想法。

　　各種不同的家庭成員對許多孩童來說都不陌生，在假設他們是如何看待家庭的安全感與變通時，我們必須謹慎以待。有些孩子天生對自我有所認知，知道自己在天地之間所在的位置，這些認知有助於他們面對家庭和生活當中的變化。有些即使是在面對家庭生活中平常的改變也會感到困惑與懷疑。更加難懂的是，當十到十一歲的孩子覺得孤立無援或焦慮時，並不見得會像年幼時一樣流露出自己的感受，因為在這個年紀，他

貼心小叮嚀

在十到十一歲這個年紀，孩子們必須要發展出處理所有情緒的方式，好活躍在家庭之外的社群之中。他們很少會直接利用肢體行為或透過頂撞來表達自己缺乏安全感。

們必須要發展出處理所有情緒的方式，好活躍在家庭之外的社群之中。很少看到一個十歲的孩子會直接利用固執的肢體行為來表示與父母分離時的擔憂，或是利用口語或透過激烈的頂撞來表達自己缺乏安全感。

▍父母矛盾的心情

無須懷疑，在孩子年紀小時最特別的關係應當是與父母間的親子關係，即使父母並不是主要照顧者。在生命初期的幾個月當中，嬰兒完全仰賴母親維持生命，就如同我們所觀察到的，嬰兒與母親之間關係原本就相當緊密，無論日後兩者之間是否繼續保持這樣的親密。在之後的發展過程當中，母親與孩子會開始經歷分離的過程，為了最終的個體獨立而準備。最明確的佐證是我們會有意識地協助孩子發展技術性行為與社交溝通能力，讓他們學習如何面對這個世界，然而卻較少傳遞我們對於世界的態度、期望和喜好，這些因素也會影響孩子的生理、智能與心理層面。

父母不單要鼓勵孩子對自我機智和能力的覺察，也要繼續給予安全感和情緒上的支持，直到他們真的準備好可以自己面對為止，這兩者之間需要達到一種巧妙的平衡。這個發展過程會受到父母本身某種程度的早期經驗影響，家長的性格和伴侶關係也會有所貢獻。事實上，這個過程所需要的情緒面支持是相當具有挑

戰性的，在協助孩子的同時，往往也會引發成人最不希望感覺到的憤怒或失去的困擾感受。

當孩子第一次到遊樂場玩，第一次上幼稚園或上學時，家長們會發現自己對周遭環境所發生的事物感到暈頭轉向。很多媽媽表示在快要休完產假的時候，等不及想要趕快回到工作崗位上；或是當孩子開始上學時，她們也只會在第一天感到非常失落而無心工作而已。在孩子長到十到十一歲時，父母會面臨相同但較輕微的困境和衝突，因為這個年紀的孩子開始尋求更多朋友或同儕的認同，和家長或照顧者之間的關係有了微妙的變化。這個時期的孩子在生理的發展上有著很大的不同，因此也讓情況變得較為複雜。一個十歲的女孩可能已經到了青春期初期，因而看起來比實際的年齡要來得成熟，但在情感上，她仍會透過在家裡玩喜歡的遊戲，持續保有家庭所給予的親密感與安全感。我們不難想像這個孩子已經可以單獨和朋友出遊，或是對自己負責，分擔家中的擔憂，但實際上她還沒真正準備好面對大人生活中所伴隨而來的複雜情緒。

米蘭達，十歲，就讀小學六年級，當班上其他女孩們開始對化妝品和流行服飾感興趣時，她卻覺得很不自在。有些女同學會傻笑並興奮地討論班上的男生或附近中學的男孩子，偶爾還會因為米蘭達寧願看書或參與當地野生動物觀察俱樂部，不想加入這類話題而取笑戲弄她。天生高挑、有著長腿和漂亮橄欖膚色的米

蘭達擁有青少女該有的外表，她的棕色大眼和苗條的體態羨煞了班上其他的女同學們，她們無法不去羨慕米蘭達的吸引力。米蘭達對這一切感到很困惑且不知所措，讓她越來越下定決心要在家裡獲得父母親的注意，堅持爸媽晚上要和自己一起玩桌上遊戲，或是看迪士尼的電影。

剛開始母親對於和米蘭達之間的親密關係感到相當高興，但過了些日子，她注意到女兒的執拗，一起玩遊戲的活動逐漸變成忙碌生活中的負擔，畢竟還有很多家事要做。這讓母親很困惑，米蘭達很成熟有責任感，常常幫忙做家事，看起來是這麼一個溫和又容易相處的小女孩。母親回想起自己在剛要升上中學的過渡時期裡，相當擔憂進入青春期的壓力，以及對身體上的變化感到害怕。此時，她了解到米蘭達為什麼會對家庭生活如此感興趣，而玩玩具的行為可能也與她擔憂未來有所關聯。對眼前無可避免地心理與身體上的改變，米蘭達似乎還不想要面對這些挑戰。

米蘭達是願意向母親吐露心事的，媽媽便利用機會和她談談這些事情，並讓她有時間繼續玩小時候喜歡的遊戲，和她聊聊她所認識的大女生們感興趣的服飾和活動。雖然要保持耐心並不容易，但母親也知道唯有耐心能夠讓女兒有安全感，且讓她了解到其實並不需要急著進入青少年時期，也不用退回年幼的狀態裡。同時，媽媽可以透過陪她一起看影片，或聊聊自己在中學的情況，提供米蘭達一個安全的地方，繼續探索這個世界，這樣一來，在面對同儕們的批評時，米蘭達就比較能夠保有自信。

　　這個案例顯示與母親或照顧者的親密關係是多麼重要的一件事，即使其重要程度並沒有像孩子年幼時那麼明顯與迫切。許多十到十一歲的孩子覺得自己能夠且相當渴望多花一點時間與家人之外的朋友相處，或是參與一些活動，可以暫時逃離爸媽的視線範圍。對此，父母也覺得高興，有多一點空間留給嗜好和朋友。有時候家長會驚訝於十歲孩子的逐漸獨立，甚至覺得有點受傷，就如同所有的成長階段一樣，這樣的感受常發生在突然之間，發現孩子長大並有所改變了。

　　家長可能已經習慣與孩子共度週末時光，在他們玩電腦遊戲、替洋娃娃換穿衣服、整理所收集的遊戲卡片，或拼湊錯綜複雜的太空船時陪在一旁。對很多家庭來說，參與其中的成員都很享受這樣的黃金時刻。但突然之間，孩子不再需要我們陪他們去公園玩，他們最想要共度時光的對象不再是爸爸媽媽，也不再與父母分享生活當中的喜悅和痛苦。對於享受孩子陪伴的家長們，這的確需要花上一點時間適應。若家長和照顧者對這樣的發展感到驚訝，也就非常容易忽略孩子在索求關愛與支持上的需要。當然，大人們需要仔細評估現實狀況、孩子的個性和本身的能力，以提供所需要的支持與陪

貼心小叮嚀

　　這個年紀的女孩對於自己生理和心理的變化感到擔憂且不知所措，此時，母親是最好的陪伴者，透過母親的理解和親身經驗，可以給予孩子支持與安全感，並解答孩子難以啟齒的疑問。

伴。就如同先前所提到的，照顧者對此的反應通常會受到自己小時候的生活經驗所影響。

　　文化上的差異也是需要考量的一個因素。大多數這個年紀的孩子的成長經驗和父母親有著很明顯的不同。當一個家庭離開原有的文化，從一個國家移民到另外一個國家，而試著適應新的環境時，這樣的差異就更加明顯了。父母親可能是在一個非常不一樣的文化中很辛苦地長大。但在西方文化當中，大家很普遍地認為孩童時期就該是天真無邪、受保護的，且免於被歧視或給予任何的壓力。

　　其他文化可能有不同的觀念，很多家庭常常感到兩難，想要孩子擁有新環境所提供的安全感，但又擔心這會對成長中的孩子帶來道德上的衝擊。這是個複雜的議題，無法在此詳細地加以討論，不過，當面對十到十一歲孩子堅持要擁有某種程度的自我獨立時，很自然地家長們也會產生混雜的感受。大人們能夠對孩子提供多少協助，端看自己對這個新環境的適應狀況。若是也因為遠離家園，而覺得沒有任何的親戚朋友在身邊給予支持，可能也會覺得讓孩子去接觸更寬廣的世界其實是沒有什麼好處的。但無庸置疑的，若是可以幫助孩子嘗試與其他大人，或學校同學及其家人多多相處，的確是可以讓孩童培養出信心，不只是學校，甚至是未來的工作場合及更廣闊的生活圈當中，都能擁有歸屬感和與人建立起親密的關係。

心目中的好媽媽

母親在這個年紀孩子的想像裡扮演什麼樣的角色呢？通常他們對媽媽的感情和認知比以往更為複雜，此外家庭狀況也會影響孩童對媽媽的看法。當母親的健康狀況不允許，或是不幸地不能親自照顧孩子，在這些最不利或偶發的情況下，有許多證據顯示，孩子不僅可以強烈感受到母親這個角色的存在，同時也有著緊密的依附感。我所謂的依附感指的是連結或關係，並不一定是正向溫暖的連結。這樣的連結可以是由複雜的混合影響力所組成，有時甚至包含了極度憤怒及苦澀的情緒。

最明顯的是青春期前的孩童與母親之間的深刻聯繫，孩子會開始在相關的條件和特質上將自己的媽媽和他人的母親拿來比較，他們不見得會意識到自己這樣的行為，只是藉由心目中對母親的形象，進而對自己的身分認同形成某種看法。若一個男孩覺得媽媽是親切和藹、寬容且容易相處的，那麼這些特質就會影響孩子對自己當下的看法，也會讓他長大之後變成一個受人喜歡、令人印象深刻及有影響力的人；或相反地，成為無法拒絕他人和設下底限的人。

無論是哪一種方式，這年紀的孩子在心裡都有一個母親形象，而這個形象是其他母親或家庭成員不可取代的。這個母親形象不見得是孩子表達強烈情感的對象，可能混合著想要與媽媽在一起的困惑冀望，以及希望成為媽媽所挑選的作伴對象，不管現

實生活中母親是否已經有了父親或其他的伴侶。這樣的情況同樣也會發生在女孩身上。這些可能也會伴隨孩子生活當中的其他擔憂與壓力。

　　相反地，有時母親會以一種奇特的混合體存在著，在被需要與被愛的同時，又被認為是一個無法為自己而活、沒有自己觀點的母親。在現實生活中，媽媽有時也會有與此相矛盾的不同反應，比方悶悶不樂或不耐煩的反應。在十歲孩子的眼裡，母親的形象通常都是可以長久依賴的，但有時又覺得她太在意規矩和衛生了！

　　整體來說，這個年齡的孩子對於現實世界有更多的理解，知道母親就在身邊不遠處，這對他們是有所助益的，雖然孩子可能並不太清楚自己其實是有這樣的需要的。這個現象在依妮德·布萊頓（Enid Blyton）所著的童書當中有清楚的描述。例如《鼎鼎大名五夥伴》（The Famous Five）冒險系列中的男女英雄們經歷過許多大膽的冒險活動，還用知識和機智擊退了許多不同樣貌的壞人。然而在每個故事當中，他們的行動都會被母親的出現所打斷，這個媽

貼心小叮嚀

每個孩子心中都有一個屬於自己的母親形象，這個形象會影響他日後成人之後的人格特質，如母親的形象是親切和藹、容易相處的，孩子長大後也容易變成這樣的人，但有時也會承襲這個特質的缺點，就是比較無法拒絕他人。

媽的角色總是在背後忙著處理許多的家務事，但卻提供了最重要的資源，例如，提供前往探險時所需要的三明治或露營帳篷。在現今的社會中，母親比依妮德‧布萊頓書中的角色要來得更為忙碌，生活也更為多姿多采，但對一個十到十一歲的孩子而言，母親的形象是屹立不搖的：當孩子忙於幻想中刺激的英勇事蹟時，她則投入某些無趣的大人活動，而不會來找自己麻煩。

心目中的好爸爸

父親在十到十一歲孩子的生命當中是非常重要的，對於這個事實，不只是父親，包括家長或照顧者可能都有著混雜的感受。媽媽在孩子生命初期的幾個星期扮演著攸關生命續存的角色，而在孩子早期的情感發展中，爸爸也有著重大的影響，無論他們是否真實的出現在孩子的生命當中。現今的世界當中，女性承擔越來越多的責任，和更多職務上的角色，這些都曾經是男性的專利，可以感覺到父母親角色的互換。我們可以觀察到現今父母以越來越多不同的方式來分擔照顧孩子的工作。這些可以由「分擔孩子的教養」中獲得助益的雙親，能夠奠定一個與配偶合作和適應兩性關係的模範，讓孩子們引用到未來的相關關係中。即使是同性的家長也可以提供孩子相同的學習機會，分工合作的典範其實跟性別沒太大的關係。

黃玉敏／攝影

　　家長們對於教養的分工有許多不同的解釋，有時候父母當中較為強勢的一方會對哪些工作是可以單獨完成，或需要另外一方或其他人來共同分擔的這點產生疑問。因此，越來越多人好奇父親到底要如何對孩子有正面明顯的貢獻。近年來，很不幸地，忽視男性正向的特質似乎已成為普遍的趨勢。

　　這個年紀的男孩和女孩早已對自己和家庭的關係有清楚的概念，無論是否與父親有所聯繫，或來自於哪一個國家，屬於哪一種家庭。

　　即使在孩子的生命當中，從來沒見過親生父母，或不知道自己是來自哪一個國家，但明白自己與家庭的關係。有時，這也有助於孩子塑造出自己想要的特質，如擅長運動、勇敢、身材高大強壯，就像假想中的父母一樣。有時候，要是缺少一個能夠視為父親的人物，也會引發孩子懷疑和擔憂的情緒，這時，如果有人可以供孩子詢問相關的問題，或和他一起討論，通常可以消弭這樣的感受。有的時候，父親的缺席可能一點也不重要，因為孩子可以找到其他的男性仿效學習，或可幫助孩子了解一位父親該有的樣子。

　　艾登是獨生子，媽媽十七歲的時候懷了他。這對小情侶無法承受這樣年輕就要養育下一代的壓力，兩人很快便漸行漸遠。很幸運地，母親的原生家庭相當支持她，並決定幫助她，提供孩子一切所需。艾登和母親住在一起，不過他的生活起居大多是由

外祖父母來照顧，舅舅阿姨們也會幫忙，他們是艾登母親的弟弟和妹妹，都還住在一起。家裡從來不會主動提起艾登的父親，而他跟父系家庭接觸的也不多。艾登在一個快樂且安全的環境下長大，即使他已經是個大男孩了，也還樂於當家中的「小貝比」。外公細心照顧著艾登，時常開著小貨車，帶著艾登，把蔬果送給客戶；外公總在這個時候鼓勵艾登，讓他在心理和與人社交互動上建立自信心。艾登很喜歡和外公之間的關係，覺得有一個友善且可靠的大人，鼓勵著他，讓他知道自己也可以有出人頭地的一天。艾登對外公所展現的男性特質心懷感激。

當艾登長大，想要多花點時間和朋友相處時，在外公和與朋友去踢足球這兩者間選擇變成兩難。這時候，外公反而鼓勵他多花點時間在新學的運動上，保證他每個星期都會去看艾登練習。可以看出外公成了一個完美父親的替代品，尤其是他年紀還算年輕，符合一個身強體健的形象，可以參與艾登的足球和板球活動。直到艾登再長大一點，快到成年人的時候，才開始對親生父親感到好奇。由於艾登和外公之間深厚持久的情感，當艾登想要與父親有所連結時，外公和母親都可以和他討論。而當艾登對父親感到好奇，想要知道自己的身世，暫時忽略外公，他們也不會覺得驚訝或不滿。

十到十一歲的男孩們在體型和發展階段上有著很大的差異，這時，他們會開始以較為實際的角度來面對自己的男子氣概。年

幼的男孩對於男子氣概抱持一種較為刻板的印象，如：力大無比、超乎常人的勇敢與耐力、面對困難災難而毫不懼怕。以前的男孩子們會深深著迷於漫畫或冒險故事，現在則會在電動玩具、電視節目或體育明星中找到類似的英雄角色。十歲的時候，孩子因為對真實世界的了解增加，因而更加意識到日常生活事物的複雜性與不確定性。剛開始，他們先發現的可能是父親和其他男性在現實生活中所需面對的挑戰。這樣的領悟會引發一些複雜的情緒，孩子將父親視為英雄，無論這樣的想法與家長的個性或文化是否有關，一個十歲的男孩或女孩會覺得需要相信超級爸爸的理想形象，這個人物會確保好人戰勝，且可以仰賴他來保護自己的安危。同時，孩子們也漸漸透過個人經驗、電視和電影，來了解大人的現實世界，並慢慢發展自己的現實感。當孩子發現父親事實上並不可靠時，他們可能會有點掙扎，並試著否認。

在對家長有某種關鍵性的了解時，有些孩子反而開始擔憂起來，但絕大部分都會藉此機會觀察並學習父親是如何解決現實生活中的難題，並從中找到支持與獲得自信。

有些男孩子希望可以成為家中大人的小幫手，

貼心小叮嚀

這個階段的孩子會將父親視為英雄人物，一旦這個形象幻滅，他們會陷入一種掙扎或否認事實的情緒當中，而變得有點自艾自憐、憤世嫉俗。此時，需要有人理解他們，敞開心胸談一談內心話，或尋求另一個值得仿效的父親典範。

參與類似大人的活動，尤其是當我們看到孩子開始有某些輕微的偏差行為時。剛開始他們可能因為了解了更多家裡的困境，例如，因失業而收入減少，且擔心自己無能為力。這個年紀的男孩可能因此感到相當生氣挫折，因為自己在體能和心理上都還不夠成熟，不能對家中的困境給予任何重要的幫助。

　　當媽媽失業的時候，瑞斯決定找個辦法來幫助母親和繼父，他知道若是媽媽沒有收入，家裡所獲得的資源會減少，生活就會有問題。他感到生氣並怨恨繼父，因為他無法解決這樣的困境。接著，瑞斯開始對狀況順遂的其他家人生氣和怨恨，這讓他不願意跟其他人交談，心中的怒氣不停上升高漲。有一天，瑞斯意外地在學校外馬路邊的停車計時器中發現一枚外國硬幣卡在投幣口，他好奇地把錢幣投進計時器裡，心想或許可以找一個方式騙過計時器，幫媽媽省一點錢。不幸地，這枚外國硬幣掉進機器裡，卡住了，計時器因而損毀。瑞斯覺得很失望，不過又感到一絲的興奮，因為這個壞掉的計時器會讓許多隔天來學校的家長覺得很麻煩和不方便。

　　有段時間瑞斯很享受這件事情帶來的興奮感，他覺得自己擁有某種的權力，與每天在家裡感受到的渺小和毫無用處完全相反。由於平日缺乏繼父的理解和支援，瑞斯藉由這無傷大雅的惡作劇行為來發洩怒氣和不平。很幸運地，瑞斯的繼父有一個表弟，年輕時就像瑞斯一樣，常常有一些惡作劇的行為，好幾次瑞

斯的繼父必須到警察局去領他出來。當瑞斯被老師抓到他破壞停車計時器，並打電話到家裡時，瑞斯的繼父非常諒解，他和母親兩人決定和瑞斯聊聊，想找出到底是什麼事情讓瑞斯困擾到需要去做這些事。經過討論，瑞斯了解家人是多麼的愛他，就算他的年紀還很小無法賺錢，母親和繼父仍然是珍惜他的。讓瑞斯很訝異的是，他開始覺得自己較為冷靜，且對家裡未來的生活也充滿希望。

祖父母我愛你們，
但我也想和朋友在一起

孩子到了十歲或十一歲的時候，早該和其他的親戚建立起長久的關係。這讓家長和孩子有一個成人網絡可以倚賴。祖父母對這個年紀的孫子女們是可以很有影響力的，也相當有幫助，且跟主要照顧者所提供的協助有所不同。

現在很多家庭和親戚住得並不近，而大多數祖父母或其他親戚和孩子之間也不是很親，因此不會有定期探視造訪的可能。但是，這些關係仍會對孩子的想法及期望有某種程度上的作用。

韓森和媽媽蘿拉住在大城市裡一間小小的一房公寓中，媽媽在韓森三歲時離開伴侶，遠走他鄉。落腳在這個大城市裡，她必

須工作很長的時間，才能賺到足夠的錢支付兩人的生活開銷。蘿拉的家人與韓森的父親還住在出生的鄉下，對於她決定要離開家鄉，搬到火車車程兩小時以外的大城市相當訝異又覺受傷。對蘿拉而言，這次的搬遷是一個展開新生活、告別以往的重要開始，但這樣做就會拋下與父母親的親近關係。

　　蘿拉很快就在大城市中找到穩定的工作，而且很享受隨之而來的獨立感。也很幸運地，她替韓森找到一間很好的托育中心，當韓森大一點上城裡的學校，學校也對雙親都需要工作的家庭提供很完善的課後照顧服務。韓森在這個忙碌活力十足的環境下成長苗壯，和其他的孩童們也相處愉快，接受課後輔導班裡親切和藹的老師和大人們的教導。他也喜歡和外公外婆講電話，甚至有了電腦之後，韓森還會寄電子郵件給他們。表面上，所有的事情都很順利，而且蘿拉的父母親也為了女兒的生活方式做了些調整，即使這樣他們還是擔心蘿拉和韓森在大城市裡生活的安全。蘿拉和父母對韓森有時候會持不同的看法，她覺得父母對自己教養韓森的方式是很有意見的。事實上，那是身為父母和祖父母最自然的反應，他們非常想要提供外孫女兒曾有的生活，所以他們會在放假的時候邀請他來家裡小住，希望能夠有所補償。

　　小時候，到外祖父母家住的時候，韓森很喜歡到樹林裡散步撿松果，或在小溪裡試著建築一座小水壩，或在附近爬樹。他們用有別於韓森媽媽的方式寵愛韓森，帶他去動物園玩，或讓他跟外公一起玩電動玩具玩到很晚才上床睡覺。但當韓森大一點的時

候，放假時要開始參與較多的活動而需要待在城裡的家，雖然還不到青春期，但他的興趣已經漸漸轉移。外婆打電話來時，韓森不見得會在家裡；外婆對於足球比賽和學校校外教學熱切的關心開始讓韓森覺得很不耐煩。他常覺得自己卡在中間，他非常喜歡外婆，記得那些在外祖父母家中一起從事的活動，也喜歡那些樹木和郊區房子寬廣的空間。十歲的韓森正處在一個渴望長大的挑戰和冒險犯難的年紀，無論是現實上或想像中的，這些可以協助他去測試獨力的處事能力。韓森會和朋友討論一起去旅行的事，即使他覺得家裡應該不會同意；而他對於熱心的親戚老是要提醒自己對他們的依附和依賴，也相當不舒服。

這種兩難的局面常常發生在孩子身上，但他們不見得會意識到；而當孩子越來越活躍於和同儕之間共同的興趣或社交互動上時，他們在面對親人時反而變得更沉默害羞。透過朋友的協助，韓森的外祖父母發現了外孫的改變，因此不再產生疑惑，不論是對他在電話上冷淡的態度，或因造訪次數的減少而有被排擠的感覺。在暑假來臨時，他們邀請韓森和他的朋友一起來玩，並安排參與當地團體所舉辦且由專業工作人員所帶領的露營活動。韓森可以重溫以往擁有外祖父母注意力的快樂，也不需要因為努力想要和朋友建立新的生活，而把他們摒除在外。若是沒有祖父母和其他年長親戚的理解，這個年紀的孩子會覺得難以取捨，不想要傷害心愛的長輩們，但又想要更獨立。對十一歲的孩子來說，也

很難想像祖父母也曾經是小孩子。年紀比較小的孩子們比較能夠想像，人們會專注於相同的興趣和關心的事物上，但到了十歲時，孩子才剛發展出歷史感。他們現在可以回想過去自己還是小貝比的時候，也感覺到自己一路以來的成長進步，但他們常懷疑大人們是否能夠了解，或發現自己已經走了這麼長遠的一段路。

　　有時候，家庭生活對大人和小孩而言可能都會產生巨大壓力，尤其是當生活產生變化的時候，例如生病或失業。在不嚴重的情況下，十歲的孩子了解越多真實生活裡的複雜性時，微妙的變化也會逐漸地發酵。不再像八歲的時候，這個年紀的孩子可以用一種更能理解錯綜複雜事物的態度來面對生活中常見的困境。他們不再試著想像一個安全可控制的世界，或是另一個以自己或朋友們的規則來管理的王國，而是試著運用經驗法則。若一切發展順利，他們可以開始閱讀較為複雜的書籍，或是遵守大人、老師和電視主持人等所給予的指示，累積相關的經驗以發展自己的想法。然而，他們仍喜歡有關描述典型或是現代冒險、英雄與惡魔的書籍，或電視節目及DVD影片，而對於＜星際大戰＞和＜魔戒＞，每個孩子的喜好也會有些不同。對十一歲的孩子來說，在清楚知道那些冒險活動都

貼心小叮嚀

十到十一歲的孩子經常處在一個兩難的狀態下，一方面不想讓愛他的人傷心，一方面又很想跟朋友在一起，有智慧的大人應該協助孩子解決這個問題，而不是一味地指責或抱怨孩子。

是虛構的，父母是照顧者仍可以處理好日常生活事務的情況下。
他們是可以思量現實生活裡的兩難困境和複雜性。

隔代教養一定不好嗎？

雖然還不到青少年時期，但十一歲的孩子開始對分開住的
生活有興趣，根據家庭情況的不同，這樣的現象可以是令人興奮
的，也可以是讓人擔心的。當一個家庭承受許多壓力之際，如物
質上的短缺或家人患有嚴重的疾病時，相較之下，孩子心中的擔
憂就變得毫不起眼，也很不容易被察覺。以下是艾恩的故事。

艾恩是家中排行中間的孩子，跟父母住在一個小鎮上，爸媽
平常工作相當忙碌且辛苦，生活雖不容易，但還算穩定，而且母
親還可以在放學後照顧自己、哥哥和還是嬰兒的妹妹。艾恩和同
住在一條街上的孩子一起長大，親朋好友關係密切，他覺得相當
幸運。葛瑞，是艾恩在七歲時一起加入男童軍團的朋友，他常常
去葛瑞家，或是到住在附近的祖母家。

很不幸地，艾恩的媽媽因為慢性疾病纏身，必須請一段很長
的病假。家中無預警地有了許多壓力，所有人都擔心母親的健康
狀態，因為媽媽沒有辦法上班，收入也隨著請假時間的延長而逐
漸減少。最後，醫生宣布母親的疾病已獲得控制，且恢復良好，

很快就可以回到工作崗位上。在艾恩媽媽生病的這段期間當中，親朋好友都相當支持他們，並協助艾恩父親處理家事和照顧三個孩子。祖母也幫了很大的忙，在爸爸還沒下班前照顧孫子們。在這段期間，艾恩很欣慰能夠擁有葛瑞這個朋友，有人可以陪伴一起去公園玩，或騎腳踏車。他和葛瑞會玩好幾個小時的想像遊戲，玩到忘記回家吃點心，甚至忘記告訴父親自己要去哪裡。艾恩爸爸對此相當困擾，覺得這是一個額外的壓力來源，忍不住責備艾恩不只沒有幫助家裡，還讓他的日子更難過。

　　若是在大致狀況較好的情況下，父親可以理解艾恩還只是個小男生，會害怕擔心媽媽的身體是否會逐漸好轉。因為爸爸將全部心思放在媽媽的健康問題上，艾恩無法和他討論，而且他知道父親有許多的事情需要煩惱。爸爸則覺得艾恩為什麼不試著努力一點，像哥哥大衛一樣。大衛會幫忙吸地板或是去買東西回來。除了睡覺時間之外，艾恩幾乎都不在家裡，所以也無法和他聊聊。因此，當媽媽的身體開始恢復之際，所有人都大大地鬆了一口氣，接著卻很訝異地發現艾恩變得相當煩躁易怒，而且不喜歡待在家裡。他不願意像其他人一樣洗澡刷牙，對於食物抱怨連連，並開始挑剔父母替他準備的三餐內容。但另一方面，學校老師並沒有發現任何

貼心小叮嚀

當父母不能夠理解孩子時，衝突爭執就容易產生，如果有合適的第三人，譬如祖父母，介入調解緩和親子之間緊繃的關係也不錯。

的困擾，艾恩是個聰明、認真並喜歡上學的學生。然而，艾恩與父母親之間的衝突次數越來越多，爸媽懷疑艾恩是不是已經進入了青少年那段難以溝通的時期。最後，祖母建議讓艾恩來跟自己住上一陣子。

儘管祖母年紀大了，身體又很虛弱，但她還蠻喜歡做菜的，也一直替左右鄰居做些針線活。祖母有很多的時間，艾恩也喜歡和祖母之間步調較為緩慢且不帶批判的互動方式。祖母正好可以作為艾恩和父母之間所需要的調解人。藉由這樣的方式，艾恩得以暫時逃離家中的緊張氣氛，因為祖母不但有時間，而且和艾恩不同世代的差異，讓她可以採用開放的態度，傾聽艾恩的想法。艾恩的父母也可以從不停的爭執當中休息一下，而對艾恩願意和祖母傾吐心事，他們真心感到高興。

▋善用親朋好友

當然，對於親戚所提供的協助，父母親們不一定都會感到欣慰或感激，尤其是當孩子們比較喜歡和其他大人相處，不再渴望爸媽的注意、要他們花時間陪伴的時候，家長們也會產生複雜的感受。父母親對於女兒與其朋友的媽媽較為親密，或是突然間相當熱衷和阿姨一起去游泳這些事，都相當嫉妒，尤其是當女兒一直都表現出不太喜歡父母參與自己的活動時。這些都是孩子從

家庭向外擴展的徵兆，對青少年來說，是一個相當重要的轉變。
很多十到十一歲的孩子會想要用這樣的方式來嘗試體驗不同的關
係，並確認自己的家庭其實不比其他家庭來得差，不過這樣的形
式的確是較讓人感到不安的。

　　莎拉的朋友艾莉西亞喜歡在下課後到莎拉家裡一起看電視，
莎拉的媽媽很大方地請她們吃巧克力餅乾。看到莎拉的媽媽很歡
迎自己，鼓舞了艾莉西亞對莎拉舒服的家和生活方式的好奇，她
很喜歡那裡。莎拉的媽媽知道艾莉西亞只和父親、哥哥住在一
起，母親不在身邊。媽媽覺得這對莎拉也是件好事，讓她知道並
不是每個人的生活都像她這般理所當然。艾莉西亞跟莎拉的家人
都很親近，尤其是莎拉的母親。有時她會留下來和他們全家人一
起吃晚飯，艾莉西亞的爸爸對孩子能夠得到安全的照護也十分地
感激。

　　然而，對莎拉，以及又過了一陣子，對艾莉西亞的父親來
說，這些感受開始變得有點複雜。莎拉的母親很難理解為什麼當
艾莉西亞在家裡出現的時候，莎拉會覺得快要窒息了。當莎拉試
著和媽媽討論，她會用嘲諷的語氣說，莎拉就是好命，因而無法
體諒艾莉西亞的情況。相同地，艾莉西亞的父親開始覺得自己可
能會失去女兒，她會加入莎拉的家庭且一去不回，因為艾莉西亞
待在莎拉家的時間很長，他好奇莎拉的媽媽到底是個什麼樣的女
人，她是不是會鼓吹艾莉西亞拋棄自己的父親和哥哥。這兩位家

長花了很長的時間溝通以解決這個複雜的情緒，終於艾莉西亞、莎拉和大人們了解到，與其他家庭保持親近關係對艾莉西亞是有助益的，同時，大人們也必須注意到其他人的感受。

孩子們對於親戚的態度來自於父母親的看法。我們早期與爸媽、祖父母和親戚相處的日子會影響到我們對他們，以及與孩子建立關係的態度。如果曾經和親戚有摩擦，或和手足有爭執等等，他們的加入可能不會受到歡迎。這些看法無可避免地會影響孩子對這些人的想法，將這點謹記在心會有幫助的。到了十歲、十一歲的這個年紀，無論是否擁有兄弟姊妹，孩子們都會享受與表親們之間的關係，並在當中尋找安全感。跟手足比起來有點距離的表堂兄弟姊妹，可以讓害羞、安靜的孩子跟著他們一起在遊戲和互動中探索，同時仍能保有某種程度的家庭和諧和忠誠，這些都是在學校中找不到的。較有自信心的孩子會利用與表親之間的互動來鍛鍊一下自己的情緒張力，也就是在一個同年齡的關係當中，安全探索自我，測試自己的優點和缺點。就跟親兄弟姊妹一樣，背叛和妒忌在這樣的關係當中也會出現。但是，對很多孩子來說，這樣的情緒最終

貼心小叮嚀

　　不要把孩子關在家裡，有機會帶他多到朋友親戚家走動，一來增進彼此間的感情互動，二來讓孩子學習應有的社交禮儀，對孩子建構自己的社交圈會有相當大的幫助。

是可以調適的，因為他們知道自己和表親來自不同的家庭，有著不一樣的身分。

　　如果大人之間的關係是很緊張或有芥蒂的，那麼孩子之間也很難以自在的方式互動，這不只是相處方式愉快與否的問題。一個有建設性的關係是讓我們可以自在表達，無論是快樂和認同，或難過還是氣憤。在十到十一歲的時候，孩子已經養成與他人建立關係的方式，將會長遠影響一輩子的社交互動模式。

　　到了十一歲時，孩子不僅已擁有自我的意識，也有能力進行更抽象和道德上的判斷，以及發展出對於世界的看法；身為大人的我們記住這點，是相當有幫助的，也是提醒，孩子終究是要與我們分離的，倘若可以和他們分享自己的看法和意見，他們會覺得很高興又自在。孩子可能會跟親戚建立起一種與我們完全不同的互動模式或關係，即使我們無法容忍其他兄弟姊妹的看法或生活習慣，然而他們仍是孩子們摯愛的叔叔姑姑或舅舅阿姨。因此鼓勵十到十一歲的孩子們與家族其他成員保持互動，讓他們能夠在大家庭中獲得自信心，並延續到之後的社會生活當中。

黃逸濱／攝影

第二章

家裡發生了什麼事：喪親、分離與搬遷

孩子在成長過程中可能經歷家庭結構的變化，

包括喪親、離婚、分居、部分家庭成員移民等，

都會造成生命中重大深遠的影響，

大人與孩子都需要調適負面和不安的情緒。

一旦家長決定分開，要及時讓孩子知道接下來的安排，

以及未來的計畫，

不要因為害怕影響孩子的安全感，而拖延告知，

這樣孩子會自行解讀，

覺得爸媽並沒有考慮到自己，

也不在意自己受傷及憤怒的感受。

大人和小孩如何適應家中變化

在成長過程中經歷家庭成員的重新組合，對孩子來說並不陌生，現在分居和離婚都已不再是特殊的案例了。在這一章中將探討孩子對於來自喪親、突然移民、家庭破碎或罹患疾病所造成的家庭巨變的反應。在任何家庭中，或許最令人訝異和驚嚇的事件莫過於摯愛的親人離開人世。研究顯示這類分離事件對我們所帶來的影響是相當深遠的。不管我們對「生命的有限性」這個概念有多熟悉，在事件發生時，我們很少真的準備好面對這類事件最初的衝擊，或對孩子的影響。從越來越多的研究當中，我們知道孩子對這類的突發狀況可能有許多不同的反應，且大都會以他們的人格特性，以及如何解讀身邊大人們的立場來反應。在思考喪親所帶來的衝擊時，我們也可以聯想到其他類似的事件，例如離婚，或在麻煩的情況下離開家鄉。在這一類的改變當中，大人所關心的是要如何保持平衡的狀況，或許也會因為失去熟悉的環境而緊張。

一般人都認為家庭的破裂對多數的孩子都會造成負面的影響，或是覺得孩子與大人相比擁有較強的恢復力，像這類的想法就是誤導或將事情過度簡化，因為一個家庭的分裂，或失去原本的運作方式，都

> **貼心小叮嚀**
>
> 遭逢家庭巨變時，孩子們會以他們的人格特性，以及如何解讀身邊大人的立場而反應。

會讓任何人覺得煩擾不安的。以下內容可以讓我們想像這個年紀的孩子會有什麼樣的顧慮和擔憂。

▌第一時間的反應

在家庭破裂的時刻，無論是父母分居，或兩個成人照顧者的關係結束，都是大人們要特別注意的時候。可能連只要想到結束一段連結實際生活與情感關係的這個決定，或如何在這個過渡期協助孩子們度過，都是極度沉重而讓人無法承受的痛苦。生命中一個巨大的變化，不可能只對我們的生活造成短時間的困擾，即使是無預警地發生。例如喪親之痛，隨著部分的失去或分離而來的失落會延續好長一段時間，大人與孩子們都需要努力調適，慢慢適應因這個變化而在情緒上造成的改變。就我們對喪失親人的了解，哀慟的過程可分為好幾個階段，每個階段在情緒與行為上均有不同，但最終都是協助我們接受失去的事實。伴侶的分離至少會造成兩個人的困擾，即使這件事情是經由雙方共同討論與同意。通常這時的感受都會很強烈：憤怒、不信任、妒忌、小心眼、哀慟和孤獨等等。顯然孩童們在這樣的事件當中，多多少少也會經歷相同的情緒感受。最需要注意是家長或主要照顧者是否留意到孩子的感受。當孩子覺得脆弱或對事物感到不確定時，這會是一個很重要的需求。

　　若一個家庭已建立良好的溝通管道，就可以謹慎地和孩子談論有關關係破裂，或任何大人或祖父母辭世的議題。但不一定要據實以告所有的細節，因為這不見得是孩子關心的部分。一個成熟的十一歲孩子可能會感到好奇，但和自己母親討論她對伴侶的不滿意，並不會帶給他任何的益處，雖然整體來說，這能幫助孩子盡可能了解事情的真相。

　　自從布蘭妮的父親在國外工作開始，有一陣子爸媽的關係並不太穩定。母親不想照父親的安排離開家鄉，也不希望讓布蘭妮離開現在的學校，到國外展開全新的生活。因此兩人之間有許多的爭執，布蘭妮看著爸媽對另一半的敵意越來越深，兩人都覺得對方誤解自己。布蘭妮的母親決定要與父親分開，之後，覺得很孤單，她對布蘭妮訴說自己乖舛的命運和被遺棄的感受。

　　有好幾個月，布蘭妮都沒有見到爸爸，但和媽媽之間越來越親密讓她稍感欣慰，她相信自己是可以照顧母親的。媽媽對於個人的悲傷和對家庭經濟上的擔憂，已經替布蘭妮帶來太多的壓力，如今母親太過脆弱，無法和她討論功課以及人際關係的擔憂，她覺得將自己的擔憂告訴母親會增添母親的煩惱。布蘭妮對於自己有這些擔心覺得有罪惡感，更加肯定為了保護母親，必

貼心小叮嚀

　　遭逢巨變時，最需要注意的是家長或主要照顧者是否留意到孩子的感受。以往深厚感情的基礎是度過難過時期最強而有力的支持。

須隱藏對父母分離的憤怒，以及失去父親的感受。最後，父親回到了家鄉，並聯絡上妻女，希望能夠破鏡重圓。父母親之間的問題終於因為爸爸在家鄉附近找到工作而得以解決。

這個事件的關鍵在於他們能夠記住過往良好關係的感受，並克服眼前的困難。情況漸漸好轉，布蘭妮鬆了口氣，最後父母的關係也逐漸穩定。雖然布蘭妮還是有著焦慮，但多半是起因於青少年身分的困擾。她覺得或許爸媽仍然相當脆弱，不過，他們終究又在一起了。

告知孩子對未來的安排

一旦家長決定要分開，讓孩子清楚知道接下來的安排，以及未來的計畫是很重要的。通常，要是孩子們相信大人會誠實且坦率地對待自己，在適應這樣的情況之前，對這個暫時帶來壓力和干擾自信心的離異事件，他們是可以處理難過與受傷的感受的。由於害怕影響孩子的安全感，也害怕相關的責難，家長通常會盡其可能地拖延告訴孩子離異的消息，或是對於未來的安排。這對孩子的壞處是他們會自行解讀家長的行為，覺得爸媽沒有考慮到自己，他們受到傷害及憤怒的感受，對父母而言一點也不重要，卻沒想到父母就是太在意才會遲遲說不出口。

分離有時也會形成新家庭的組合，無論是父母親分開住，或

其中一個，或甚至兩人都有了新伴侶。有時這個新加入的伴侶已有自己的家庭，因此在面對失去家庭的過程中，這樣變動和新增的家庭成員，不可避免地會讓孩子感受到壓力。他們會懷疑新家庭是否可以接受自己對舊家庭及失去一位家長的難過悲傷。

然而，備受壓力的感受不見得是無法承受的，在這個年紀，孩子看起來很冷靜地接受這樣的消息，不像年幼時容易有強烈和立即的反應，馬上就會表現出自己很擔憂。一個十歲的孩童可能在聽到消息的當下，展現出冷淡無感或安靜無言。當然，能夠表達自己的感受，可以在面對危機時輕鬆一點，然而若是太早想要和孩子討論，或詢問他們是否願意談談，可能會得到事與願違的效果。有些孩子會在與家長的關係中找到慰藉，其他的則可能需要隔離一下，將心思放在其他的事物上，暫時逃避真實生活中的困境。

當薩伊德發現爸媽有離異的打算時，相當受傷。父親告訴他，媽媽回家鄉去探望親戚，直到三、四個月之後，即使曾與母親通過兩次簡短的電話，薩伊德終於明白媽媽永遠不會回來了。他詢問父親，知道他們曾經討論過，卻決定在母親離開之前，不讓自己知道這個消

貼心小叮嚀 當十、十一歲的孩童在聽到父母離異消息的當下，可能展現出冷淡無感或是安靜無言。但這並不表示他們毫不在乎或一點感覺都沒有，只是當下他們也不知道該怎麼辦。

息，薩伊德更加生氣又難過。他在成長的過程中，被教育成要把強烈的感受放在一旁，學習家中男性成人們的有禮和小心翼翼的舉止。他不可以隨便掉眼淚，或大吼大叫，只能盡可能地逃離家中，大部分時間在學校圖書館的電腦室裡埋首讀書，壓抑被遺棄的感受。薩伊德在期末的報告得到相當高的分數，並得到英文老師的讚賞，但他越來越沉默封閉，為了要轉移痛苦感受所花費的力氣，他筋疲力竭了。

　　孩子們可能看起來幾乎不會流露出對家中改變的任何感受，但就像上述案例所描述的，他們對於變化並不是毫無感覺，或漠不關心。相反地，類似事件所產生的影響可能不會是以語言文字或有意識的方式來呈現。可能必須對孩子重複描述未來計畫的細節，或在一段時間內維持切實和可預測的日常生活作息。經過一段日子以後，孩子們會讓你知道他們的感受。不過，當大人自己也相當緊繃的時候，是需要十足勇氣才能夠觀察或傾聽孩子所想要傳達的訊息。

保持熟悉和給予安全感

　　在這個過程當中，孩子覺得最困難的部分通常是家長的改變。對大人而言，失去所帶來的痛苦和迷惑，即使是在最溫和與小心的協議下進行，也會有某種程度的難過和過於關注自身的情

況產生。離異通常會在某段情
緒起伏和飽受壓力之後的冷靜
期發生，在這之前會是許多的
爭吵或戲劇化的事件。若是喪
親，在親人去世前也會有好長
一段時間在醫院來回奔波，或
因目睹摯愛雙親的健康狀況日
益惡化而痛苦。一開始時，孩
子可能會覺得鬆了一口氣，但

> **貼心小叮嚀**
>
> 當家庭發生變動時，不要為了轉移孩子的不安焦慮，進行搬家、度假、拜訪遠方親友等活動，這樣更不容易讓孩子安下心來。盡量保持原本的作息生活，讓孩子慢慢適應、接受新的改變。

也會因父母的情緒和行為而覺得迷惑和陌生。一個十歲的孩子可
能會有段時間面臨雙重的失落，之前已經建立的日常生活慣例和
習慣，不再如往昔一般，取而代之的可能是新大人主導的時代，
但在面對危機的時刻，例如母親／父親或主要照護者突然消失匿
跡，之前那個可以求助依賴的熟悉人物已不復存在。此時，家中
其他成員如果能夠協助家長的話，會是相當正面又有力的支持力
量。然而，在面對壓力或離異時，孩子仍有著複雜感受，混雜罪
惡感和疑惑，好奇自己到底在這個分離或失去當中，扮演什麼樣
的角色。他們尤其會覺得之前所理解的所有事物都消失不見，就
像馬戲團裡的哈哈鏡一樣，以往熟悉的關係與臉孔看起來都不一
樣了。在調適的幾個星期，甚至幾個月當中，孩子會需要一個體
貼的大人支持，這個成人提供一個前後一致的環境，祖父母、家
族朋友或老師都可以是這個人選，也會對孩子有極大的幫助。

　　有時父母只想讓孩子在壓力或悲傷當中有個喘息的機會，而安排與親戚一同度假，即便孩子的年紀已經較大，這種暫時離開家的突發活動很容易引起孩子更大的不安全感和擔憂。此外，這時候也不適合搬家，或拜訪遠方較少來往的親戚等活動。有些年幼的孩子若覺得焦慮，就會亂發脾氣，變得很黏人，甚至失眠，這些情況同樣也會發生在年紀較大的孩童身上。通常，家長會將這樣的行為解讀成孩子挑剔或搞怪的表現，這是有可能的，因為易怒及粗野的行為都是孩子覺得無助、挫折，甚至沮喪的相關徵兆。因此，若能在這種敏感時刻，盡量保有原來的生活作息慣例和造訪的場所，讓孩子在可能感到困惑和陌生的氣氛下，盡快恢復對生命的確定感。

▍勇氣帶給我們力量

　　如同父母的離異或失去親人的狀況，其他家庭裡重大的變化，也會引發孩子強烈的疑惑感。例如，慢性疾病，或離開熟悉的地方與人，搬到千里之外的新環境。這些變化會讓所有人心神不寧，相較於成人而言，較少經驗的孩子們更惶惶不安。孩子甚至在經歷某些平常變動時，例如換學校，或祖父母來家裡同住，都會誤認這樣的變化會導致最糟糕的情況，且長期永久的。也有孩子可以冷靜面對這樣的轉變，並很快適應。很多人都認為，

貼心
小叮嚀

當家庭面對危機時，如果孩子有朋友能夠陪他一起度過，或他能將重心擺在學校當中，對孩子來說會是一大解脫。

相較於大人來說，孩子的適應能力較好，所需的時間也較短，不要忘記，每一位個體對世界都擁有獨特的觀點和看法，對新狀況的回應當然也會有所不同。

這個年齡層的孩子可能對婚姻破裂或離異的消息有著冷漠的回應，相較於其他類型的失去，也不一定會清楚展現自己的悲傷和憤怒。除了對孩子所擔憂或傳達出的訊息，提供足夠的支持和注意外，還要讓他們能夠從家中這些麻煩當中暫時抽離，身為家長或主要照護者需要在這兩者之間取得巧妙平衡。當家庭面對危機時，能夠花時間與朋友共度，或活躍於學校事物當中，對孩子來說會是很大的解脫。另一方面，當家長或照護者露出脆弱的跡象時，這年紀的孩子可能覺得要能夠控制自己與其關係的複雜感受是相當困難的。下一章會更深入探討這個議題。

楊文卿／攝影

柯曉東／攝影

第三章

友誼的非凡意義

十到十一歲的孩子會有往來多年的朋友，

通常始於分享共同的興趣，

伴隨渴望要和自己認同的對象成立社群。

友情對十到十一歲孩童的發展有顯著影響，

朋友們可以幫助他們冷靜面對外界的變化。

本章將分別探討男生和女生如何發展他們的友誼，

如何去處理朋友或同儕間的爭執和衝突，

以及如何避免成為霸凌者和被霸凌的受害者。

朋友vs.敵人

很多十到十一歲的孩子身邊會有一小群已經來往多年的朋友。他們是透過鄰居或家族建立起來的朋友關係，大約在八、九歲的時候，孩子會更清楚自己喜歡和誰作伴。通常是由分享共同的興趣開始，伴隨一種渴望要和自己所認同的對象一起成立一個強大的社群。力量和歸屬感對八、九歲的孩童而言特別有意義，對他們在面對實際上仍無法完全掌控環境的事實，提供種庇護。

對某些孩子來說，友誼是唾手可得，不是他們或照顧者需要擔心的事情。同樣地，有許多的男女孩們或許可以維持表面關係，但現實裡卻很難交到朋友和維繫友誼。

當和較開放的家庭在一起時，友情對於十到十一歲孩童的發展有顯著的影響。他們覺得身邊環繞關心自己的大人和富有同情心的朋友，便可以冷靜地面對對世界察覺程度的逐漸增長，和學校越來越多的要求。常常會有意想不到的困境引發孩子的煩躁和不確定感，他們開始懷疑自己是否有能力處理長大後的生活。

到了十歲的時候，部分已經試著處理對友誼的疑慮和擔憂。男孩在生理上的成長，以及有時候女孩

> **貼心小叮嚀**
>
> 此階段的孩子渴望與志同道合的朋友們組織一個小團體，一起從事他們共同的興趣和喜愛的活動。

們在青春期時的變化，會引起更大
的改變。雖然這階段多數的男生還
沒有任何進入青春期的跡象，但他
們會意識到相較於年幼的孩子和年
紀稍長的青少年們，自己體格上的

不同。很多男孩子會開始花時間訓練體能，一方面表現傳統普遍
的男子氣概，另一方面這當中又包含他們還沒想到性別成熟這件
事，以及未來成為成年男子的潛能。

　　十和十一歲的孩子們將擁有與其他同儕相處的豐富經驗，在
這年紀，友誼扮演著與家庭平行的重要角色。很多孩童擁有兄弟
姊妹，也喜歡與家庭以外的孩子接觸。在年紀小一點的時候，友
誼在男孩與女孩的生活中呈現不同的意涵，扮演不同的角色。女
孩們可能同時結交少數幾個較為親密的好友，以及一大群共同分
享活動的朋友，男孩們則可能因為從事特定的活動而擁有一小群
朋友。

　　多數的孩子會在進入學校第一年就加入一個團體，以便建立
社交生活，包括到同學家玩，或一起在戶外運動，或從事其他活
動。對社交活動的期待所帶來的壓力可以是相當大的，透過參加
生日派對或共度假期等社交活動，可以感覺到點點滴滴的競爭意
味。不管孩子是否屬於任何一個大團體，他們總是能夠找到一小
群親近的好友。

▌最要好的朋友

對女生來說，友誼對情緒和社交成長是一個相當重要的墊腳石。就像年紀較小的女生一樣，十到十一歲的孩子們會成天泡在和要好朋友共同營造的氛圍裡，多數的女孩和女人們都擁有持續一輩子的友誼。在這個年紀，最要好的朋友代表一個重要的轉變，讓情緒發展由孩童階段轉化到成人階段。在進入青春期和將全副心思放在浪漫情事與親密關係之前，女生們會開始透過親近的友誼來探索關係的本質。普通的朋友可能因為經驗的分享而發展成出一段親近的友誼，無論雙方是對某個電視節目的熱愛，或是一起討厭自然老師，或對外界環境的關心，或一同參與社交活動，這些都可能成為促進情感連結的工具。

琳達和她的朋友奈兒，是兩人在學校一起生病的那天成為好朋友的。琳達的老師帶她到保健室休息，當她到保健室時發現同學奈兒臉色蒼白四肢無力地躺在長椅上。奈兒正等著家人接她回去，因為她發燒很不舒服。保健室的護士相當忙碌，慌張地想要挪出空間給這兩個生病的學生。兩個小女生們在那兒一起討論在學校生病的窘境和尷尬，以及落入保健室護士手中的厄運，後來發現原來她們住得很近。

當兩人恢復健康，回到學校上課時，因為有了共同的經歷而讓關係更為緊密。連著好幾個星期的午餐時間，兩人都聚在一起

聊天，很快成為最要好的朋友。琳達喜歡跟奈兒訴說家裡和學校發生的事，這些都不是她想跟媽媽，或是會取笑自己的姊姊分享的。琳達和奈兒還有一個共同的祕密願望，想合寫一本暢銷的小說。放假的時候，奈兒邀請琳達和她家人一起前往海邊的小屋度假一個星期，兩人每天都花整天的時間窩在沙發裡搖著筆桿在練習簿上寫小說，這讓奈兒的家人覺得相當有趣。晚上兩個小女生會坐在床上聊上好幾個小時，內容包括寫作大計畫、祕密願望，以及對環境的看法。奈兒的母親必須不停地說服她倆走出屋外去享受美好的夏日時光。

對奈兒和琳達而言，親近的關係讓她們有機會去進行某種測量的試驗，不僅可以尋找自我，同時也了解如何才能順利與其他人交換感受。這樣強烈的情感不會來自家庭成員，也不會牽涉到成人伴侶之間複雜的親密互動。很多女生會從與最要好的朋友的親近關係中獲得慰藉與自信心。

十一歲的女孩會想要擁有專屬的，甚至不為人知的友誼，跟年紀較小的女生所玩的遊戲和從事的日常事物不同。換句話說，她們的友誼跟建立自信心沒太大的關係，反而是在尋找一種經歷可以強化和確認逐漸形成的自我認知。

漢娜和最要好的朋友每個星期六早上都會在住家附近的商店度過，双方父母親對於這兩個小女孩這般死忠奉行感到相當有

趣，但有時候也會有點受不了。她們喜歡帶著零用錢逛書店和禮
品店，並花上很久的時間討論購買的物品。漢娜的爸媽覺得這件
事情挺不錯的，因為可以提供兩個小女生相當寶貴的獨立性，她
們還不夠大到可以獨自出去一整天，或在沒有人看顧的情況下進
城去，這個活動讓她倆可以嘗試利用逐漸發展出來的能力解決事
情，運用金錢，以及稍稍體會一下青少女的生活，例如看看衣
服、讚嘆最新一季的流行鞋款，想像如果自己要去參加派對會做
哪些事情。從旁觀立場來看，這年紀的女孩們所感興趣的事物可
能有著相當怪異的組合。她們熟知身邊的青少年文化，不再玩以
前熱衷的遊戲和玩具，喜歡瀏覽店裡的化妝品專櫃或髮飾品區，
但也仍舊喜歡吃糖果、看兒童節目。

　　好朋友們會緊緊黏在一起，有時候甚至會一起抵抗外界。
在某些時候這並不是一件好事，尤其是當這樣的需要是來自要組
成一個將外人排除在外的專屬小團體時，有時兩人的親近，可能
會傷害到其他人。幾乎所有的孩子在某個階段裡，私底下都會對
其他小孩抱有敵意，從家長或照顧者的角度看來，這個敵意常常
發生在孩子覺得遭受背叛時，像是最要好的麻吉突然喜歡和班上
其他女同學往來。有一段時間，這對新好朋友會黏在一起無法分
離，而剩下的一個則覺得疑惑和孤單。這種狀況會讓人很難過痛
苦，但就像孩子年幼時期一樣，這個行為可能是短暫的過程，但
也可能代表孩子內心更深層的不安全感。

　　比較複雜的仍是女孩們對待朋友的行為方式——雖不至於到霸凌或公然不客氣的地步，但許多女生傾向惡意批評或嚴厲對待，因為這兩種行為可以進一步鞏固與新朋友的連結，同時將其他人排除在外。這樣的行為也

貼心小叮嚀

在這個年紀，最要好的朋友代表一個重要的轉變，就是情緒從兒童階段的發展轉化到成人階段前，一個透過親近友誼來探索關係本質的重要接點。所以很多十到十一歲的女孩在此階段中都有一個最要好的朋友。

會在男孩身上看到，他們通常會將這樣的感受以公認的慣例和行為模式呈現，例如社團所訂定的規矩，或體育活動的比賽規則。然而，對多數的孩童來說，這個經歷是發展自我歸屬感的正常過程。也就是說，在壓力之下可以創造出一段親近的友誼，這段關係可以支持自己，替自己加油打氣；或是教導孩子獨自面對和解決孤單一人的難過感受。

　　有些孩子的確不容易交到朋友，但是，到了十或十一歲的時候，如果還是無法自在與他人互動，就代表他／她需要相當多的協助。家長與照顧者可以透過不同的方式來幫助，他們包括體貼細心的鼓勵。如同之前提到的，當我們了解且承認孩子本身獨特的個性與特質時，就能夠提供他們相當多的協助與支持。

男生交朋友的方式

在這個年紀，男孩子會有幾個興趣相同的好朋友。不同於女生，男生偏好與體能相關的活動，喜歡把時間花在可以獲得團體認同，或努力想要成為某個團體的一份子。這個年紀之前的孩子很容易將複雜的想像遊戲逐漸發展成某種自己想要的慣例或儀式。孩子們會參與某些遊戲，暫時將成人世界排除在外，創造一個同時並存卻不溝通的世界。同儕團體的歸屬感和會員資格的認可也與部分細膩的技巧有關，這樣的取向反應在孩子偏好具有一定規則的遊戲上，或想像和推理的技巧上。很清楚地，這就是為什麼許多流傳已久的遊戲，如大富翁、地產大亨等紙牌遊戲，和現在某些當紅的電動玩具或電腦遊戲，會如此受歡迎。

> **貼心小叮嚀**
>
> 男孩透過遊戲和體能活動來結交朋友。

女生交朋友的方式

相同地，女孩們也會受到具有某種規則限制的遊戲和友誼的吸引，有些十歲女生的注意力會開始從玩遊戲和故事書當中，慢慢轉移到關心他年紀較大的青少年文化。若女性友誼在實質上面有了顯著的差異，通常都會呈現在交流的模式上。即使在年紀小

時，女孩子們就傾向使用語言作
為即時接觸與溝通的方式。她們
也會因為遊戲或一起上社區遊泳
課而和同伴們建立起友誼，但重

貼心
小叮嚀

女孩喜歡用聊天的
方式來結交朋友。

點不是所從事的活動，而是透過日常事物的討論、規畫、比較和
衡量的交談來增進友誼。當然還是有些例外的狀況。

交不到朋友時，該怎麼辦？

　　回到孤單的議題和在交友上遇到的困難，如何協助那些似乎
不太會與他人建立友誼的孩子們？當孩子不再需要仰賴父母安排
社交活動，開始以自己的方式與他人往來互動時，無法如此做的
孩童可能會覺得比以往更為孤單。孩子在這幾年的發展中，發現
自己與其他同儕其實沒有太大的不同，這對他們來說非常重要。
孩子們現在已經長大，再也不會欣然接受父母的安排，對任何可
能令自己與他人不同的因素都相當敏感，更遑論讓自己顯得特異
的情形。

　　貝琳達就是這樣一個小女生，從第一天上課開始就不太容易
交到朋友。嬌小害羞的貝琳達，只有一個大她很多歲的姊姊。班
上的男生比較多，因此她可以選擇當朋友的女生就相對有限了。

在第一年，貝琳達並沒有找到任何志同道合的朋友，她寧願待在家裡看電視，或練習網球。覺得有點孤單的她，越來越常埋首於自己喜歡且擅長的閱讀當中。當其他孩子們在操場上玩耍時，她卻抱著故事書，沉浸於書中的探險故事。其他的同學對貝琳達的能力相當欽佩，卻不知要如何邀請她加入活動。由於沒有大人幫助貝琳達跨越這道鴻溝，於是她和其他同學們之間的距離就越來越遙遠。貝琳達聰慧，對數學和自然相當在行，也很擅長閱讀，沒想到這些都讓她越來越孤立無援。

在家裡，貝琳達喜歡安靜坐著看書，聽爸媽和姊姊聊天，並從中學到許多事物。糟糕的是，當日子一天天過去，她越來越懷疑自己到底能夠否學校和同學好好相處，她覺得很尷尬不自在，也不敢加入女同學們，一起跳繩或收集手鍊掛飾。她不想讓其他人知道自己有多害羞和不自在，她藉由閱讀的許多故事中美好的感受來掩飾這些不愉快的感覺。貝琳達的老師有著細膩的觀察力，發現這個小女生孤立無援；在小學的最後一年，老師推薦貝琳達擔任學校話劇中的主角。大家很驚

貼心小叮嚀

　　即使是一個害羞內向而不主動示好的孩子，在沒有任何朋友的情況下，也會感到相當的孤單寂寞，加上這年紀的孩子不喜歡和大家不一樣，雖然表面看不出他的困擾，但實際上他非常沮喪難過，敏感的大人應該理解並協助解決他。

訝地發現貝琳達很投入演出。這個角色需要跳舞和唱一首歌曲，這樣的經歷讓她仿如另一個人出現在同學老師的眼前。當然無法一夕之間就解決貝琳達的問題，但打破了她覺得無法與班上女同學做朋友的心防，而同學們也了解到其實貝琳達並不是一個嚴肅的女生。

男生看起來比較不用擔心與他人建立友誼這個問題，或許因為他們不像女生，比較不容易受情緒壓力的影響，這些情緒壓力大都來自於擔心自己是否能夠被家庭或其他生活圈所接受。然而，即使男生們看起來是可以一個人獨處，一個人玩電腦遊戲，或一個人在公園練習投籃，他們也不會跟其他人討論有關友誼本質的問題，可是他們也經常擔心自己會不會不被團體接受。有的時候，就像貝琳達一樣，個性和家庭背景會讓孩子在與同儕相處時變得難以捉摸；而和女生不太一樣的，當家中發生狀況或遇到困難時，男生們可以藉由身為團體中的一份子得到更大的力量與支持。

如同貝琳達案例中所描述，這可能發生在孩子被別人欺負和排擠的時候，通常都是由多種因素引起的。由於孩子對自己在社交和團體當中的位置相當敏感，也會煩惱自己的弱點，因此他對是否能夠擁有歸屬感和被接受是相當在意的。這是有幫助的，尤其對老師來說，可以利用這樣的意願讓孩子們遵守規矩並朝著共同的目標一起努力。但這也可能由另一種想法造成，讓孩子們對

於世界上不符合自己期望的各種事物都抱持相當嚴苛和焦慮的批判態度。自覺脆弱的孩子們常會藉由將注意力轉向他人的方式來解決這樣的感受，尤其是針對那些他認為比自己還更不能適應的孩子們。最極端的狀況是公然霸凌，但通常是不自覺的，一般孩子們會透過批評和選擇遊戲或隊友來傳遞出對其他人的疑慮。我們都很清楚，工作場合或公司當中最受歡迎的同事所具備的強大吸引力。

小心成為霸凌者

很少有孩子在成長過程中不曾和朋友或手足有過爭執。很多大人都記得在求學時遇到的不開心時刻，當時他們感受到脆弱與孤單，以及沒有朋友和大人提供任何支持。有些人會說自己當時被欺負了或被霸凌，其他人則是將當時

> **貼心小叮嚀**
>
> 在交友上受挫的孩子，有時候會成為欺負別人的霸凌者，或被他人霸凌的受害者。

與同儕團體互相怒罵的髒話或欺負對方的行為視為普遍狀況。大眾現在也漸漸注意到不同形式的霸凌相當普遍，因此教育機構制定行為準則與規範來制止這樣的情形。家長和孩子們自然都希望學校能夠關注群體中較弱小的成員，並採取行動保護他們。

十和十一歲的孩子們對處理與他人關係，已逐漸形成多種應

對方式，擁有許多痛苦與挫折，當然也有很多愉快的經驗，這些都是親近關係的特徵。有人可能會期待孩子在年紀較小時，就已經歷過許多強烈的感受，並儲備面對失望、反對或失敗時，如何保護自己的各種方式。舉例來說，八、九歲的孩子會去尋找某種遊戲，並嘗試調整它的玩法，以自己的方式去獲得一些滿足，以減緩在人際互動過程中所遭遇的憂傷和悲痛感受。

蓋瑞在電玩遊戲中和不知名的對手比賽誰可以拿到最多口香糖卡片，透過讓自己覺得舒服許多的規則和常規，可以緩和一下哥哥朋友戲弄邀請他進行騎腳踏車比賽的無助感，以及所帶來的痛苦感。他算與對手收集到的卡片數目差距，想像收集到全套卡片時所感受到的滿足與解脫。因為他知道自己馬上就可以成為第一個收集到全套卡片的人了。

十歲的孩子喜歡的遊戲和活動，在父母或年紀大一點的孩子眼中，可能是相當無趣和缺乏彈性的。以往他們對於遊戲有一份堅持，就是一定要遵守規則和取得加入的資格，且對依據每個人的特性組成團體這件事樂此不疲，如今則漸漸對友誼與分享的關係有更細微和複雜的想法。隨著青春期的到來，也逐漸以更友善、坦率和開放的心胸去關注他人。但是如果孩子繼續執著於慣例常規和取得團體加入資格的話，可能就會導致霸凌或被霸凌的事件產生。

落難的灰姑娘

　　莎哈拉是個十歲的小女生，兩年前和家人一同搬來歐洲。父親在家鄉擁有一份相當有聲望的職業，可以讓家人過著優渥的生活。女兒們住在豪宅裡，過著傭人照料的生活，有私家車接送。因為政局的改變，使得莎哈拉的父親匆促決定離開家鄉，帶著家人搬到一個比較安全的地方。

　　他們很順利地在新環境中找到房子並且安頓下來，但莎哈拉對此次的搬遷相當困擾。身為小女兒的她，一直懷疑姊姊和母親是否注意到自己的存在。她渴望與父親有固定的共處時光，但爸爸總是忙於工作。在家鄉的優渥生活讓女孩們很少有機會與其他人相處，這樣的狀況在搬家之前，對她們來說並不是一個太大的問題。莎哈拉覺得在自己房間裡玩玩具和衣櫥裡漂亮衣服比較自在，爸媽也時常提醒她所擁有的優勢，要感激擁有這樣無慮的生活。莎哈拉也的確認為自己比旁邊的同學優越，甚至會這樣問：「你沒有一個比較像樣的削鉛筆機嗎？」並在其他人面前揮舞著自己的迪士尼米老鼠削鉛筆機。

　　來到歐洲後，莎哈拉覺得以往的安定和因優越地位所帶來的好處都消失無蹤了。突然

貼心小叮嚀

　　來自不同文化的移民者，在適應新移民國家時，會產生很多問題，如果沒有及時發現，可能會造成另一種形式的霸凌。

間，她和她的家庭再也沒有特殊的地位，而且她就讀的班級是一班自幼稚園以來就一直在同一班的女生們。莎哈拉覺得自己像個局外人，和過了午夜十二點的灰姑娘仙杜拉一樣，她直覺地用一種長久以來都很有慰藉效果的方式處理。無須多想，她很快就在班上找到一個女生，像自己一樣，看起來不太融入班上。麗絲是一個高瘦的女生，不喜歡玩體能遊戲，進行體育活動時總是非常羞怯。此時，莎哈拉發現無論自己多麼不一樣，麗絲才是那個鶴立雞群的人，一旦有這樣想法，她馬上感覺好多了。

才在不久前，當大家吃完午餐後在操場上玩時，莎哈拉會走過去對麗絲輕聲說：「快一點，你不能再跑快一點嗎？」過了一會兒，她又悄悄走到麗絲身邊，小聲地問她為什麼要到操場上來，因為她用纖瘦的腳跳躍時，所有的人都會嘲笑她像一隻鶴。

當麗絲終於告訴老師莎哈拉對自己不友善的評論時，老師把莎哈啦找來並責備了她，建議她要試著跟班上的同學做朋友。但對莎哈拉而言，她再也不可能感到安全和有自信，和享受班上開放彈性的氛圍。

最後，老師請莎哈拉的媽媽到學校裡來，母親難過地表示她怎麼都想不到莎哈拉會欺負同學，這小女生在家裡是多麼安靜。媽媽好奇是不是因為莎哈拉來自其他文化，因而讓她成為大家挑剔找碴的對象。

▍誰是霸凌者？

對受害者來說，霸凌讓他們感到難過和孤立無援，尤其是導致霸凌的起因，對大人來說多本是無足輕重的。無論是身體或言語上的凌辱，女孩們通常可以將微妙和模糊的威脅轉嫁給他人，讓霸凌的行為變得難以認定和處理。雖然男孩們可能直接訴諸肢體上的暴力，但也會用言語傷害同儕和手足。伴隨孩子們在這幾年對忠誠度與遵從團體中尊卑順序的強烈傾向，他們對哪些資訊可以告訴誰，誰又是可以知道的，可能會感到疑惑。偶爾會有孩子覺得完全被孤立，也無法想像可以將自己悲慘的命運跟任何一個大人訴說。身為家長和照顧者，我們參與孩子的生命，希望能夠保護他們免於受苦，也期許他們正視自己的脆弱感受，因為這是身而為人普遍且需要容忍的部分，然而，要鼓勵孩子做到是相當困難的。霸凌比較容易出現在具某種特質的孩子身上，這些孩子不知道誰才能夠幫助自己克服渺小、無能或妒忌的感覺。

如同莎哈拉故事中所描述的，霸凌者通常不見得是團體中最吵鬧的那一個，比較常見的反而是本身因某種緣故而深受困擾的孩子。從外人的角度來看，這是很難發現的，即使我們都很熟悉

> **貼心 小叮嚀**
>
> 霸凌可能比較容易出現在有自卑感和有困擾的孩子身上，他們不知道誰才能夠幫助自己克服那渺小、無能或妒忌的感覺。

那些故事，例如在《哈利波特》系列當中的跩哥馬份，《納尼亞傳奇》裡的白女巫。尤其是那些特別擔心歸屬感問題，在家中找不到安全位置，或覺得被忽略而感到焦慮的孩子們，特別會吸引那些局內人和局外人一時興起的興致。對他們來說，很難想像團體當中的每一個個體都是能夠被欣賞與被尊重的。這並不是一個會接受怪異習慣或特殊個性的年紀，但是，有些孩童已經能夠包容與自己在文化上有所差異的孩子，甚至會喜歡和他們相處。

對於被霸凌的受害者，告訴他們霸凌者內在其實是空虛的或那樣的行為是荒誕的，僅能提供一丁點的支持。鼓勵受害者去尋求一個更狠的角色，並不是馬上就有幫助的方法。在莎哈拉故事當中，遭受欺負的孩子如麗絲，需要了解加害者與被害者都需要關懷與了解，但也必須知道只有加害者才會遭受處罰。

怎麼面對霸凌？

面對霸凌，大部分仰賴於自信心。有能力溝通，和正確認知價值感和歸屬感的十到十一歲孩子，相信是可以擺脫各種形式的霸凌。因某種原因而沒自信的孩子，會先吸引那些麻煩製造者的注意，他們將身體或情緒的力量強加在缺乏自信的孩子身上，因為他們比較不會向外尋求援助，或讓大人察覺到他們遭遇到的惡意行為。因此，要如何幫助那些缺乏自信心的孩子去面對學校生

活，和喜歡與同儕相處呢？

那些可以在家中很自在分享，或在固定時間討論感受的孩子們，很自然地會在心中培養出堅定的歸屬感。來自這樣家庭的孩子因為比較能自在地與人相處，即使遇到了困難，也會因為可以

> **貼心小叮嚀**
>
> 如果孩子成長在一個能夠溝通，且願意傾聽孩子想法和感受的家庭裡，自然會充滿自信。一個充滿自信的孩子不容易被霸凌，即使遇到霸凌事情，也會主動向大人求助。

找到支持自己，以及可以相互討論和思考的對象而充滿自信。這幫助孩子保有一個想法，那就是即使在現實生活中遭遇到困難，仍有大人關心自己，他們當然也比較願意向大人尋求協助。

勇敢堅定地面對問題

當唐尼從輕鬆的美國中學畢業後進入傳統的英式教育體系時，他很訝異並有點生氣，因為他發現老師對自己相當冷淡又毫不關心。當某些年紀較大的男同學取笑他的髮型時，唐尼馬上向老師報告，但老師絲毫不重視。過了一、兩天，唐尼仍然相當難過、震驚，對老師失望透頂。他覺得自己被英國文化排擠，怎樣也不可能成為其中一份子。他的失望很快地轉成憤怒，他回學校去試著和年級老師討論。這需要某種程度的自信心和堅持，才

能夠要求年級老師傾聽自己在意的
事，因為在家鄉的小社區中，他已
經習慣和父母、老師以及其他大人
討論這樣的問題，所以他不會因為
之前老師的漠不關心而退避三舍。

**貼心
小叮嚀**

　　遇到不公不義的
事，一定要勇敢站出
來，為自己的權益而
戰，否則霸凌的惡夢
永遠不會停歇。

柯曉東／攝影

第四章

身體的魔法

在這充滿魔法的時刻，

孩子突然間變得不一樣了，

身高、體型和體格有很大差異，

雖然每個人在生理和性別成熟度的發展速度不盡相同，

有的矮小瘦弱，有的高大魁武，有的高挑修長，有的嬌小玲瓏。

在這年紀有一個有趣的現象：同年紀怎麼差那麼多？

尤其是女孩對自己逐漸凹凸有致的身體可能相當尷尬，

而這也代表孩童生活即將結束。

較早進入青春期的女孩容易受生理影響而引發情緒，

且會想在同儕間尋找認同感；

男生則不會，他們一般將精力發洩在各種體能活動，

在運動中尋求認同感。

真的是男女大不同。

巨人vs.小矮人

沒有其他時期像現在這個時候一樣，生理上的差異是如此引人注目。看著一群十到十一歲的孩子，馬上發現每個人的身高、體型和體格有著很大的差異。就像其他的發展面向，每個孩子在生理和性別成熟度上的發展，開始的時間點都不盡相同，因此，在一群十歲孩子當中，一定會有一、兩個較矮小的男生，一個高大魁武的男孩，以及幾個已經有著青少年時期修長特徵的孩子。女孩子也一樣，有各種不同的身形體態，有些是高挑且帶點男孩子氣，其他的可能還相當嬌小，甚至有的已經進入青春期了。女生在身體上的變化比男生來得更明顯，也較早開始。

到十歲的時候，女孩們的身材開始像成年女性一樣比較凹凸有致，胸部開始發育，有些已經有了初經。因為青春期開始得較早，男女生之間的關係，無可避免地相較於前幾個世代已經有所改變了。男女生已建立好性別認同，可能偏好和同性別的同伴一起玩或消磨時光。女生會和其他女生建立關係，無論是一起進行某種活動，或一起做夢，或一起期待未來的生活。這時，女孩們對自己在生理上的變化可

貼心小叮嚀

這階段的女孩子對於自己在生理上的變化可能會相當尷尬。這不僅是初經來潮而已，成人生活的性行為關係和親職教養也將伴隨而來，代表純真的孩童生活即將要結束了。

能相當尷尬。這不僅是初經來潮而已，成人生活的性行為關係和親職教養也將伴隨而來，代表孩童生活即將要結束了。這可以從較早進入青春期的女孩們身上看到，她們正試著在同儕團體中找到自我認同。

▌醜小鴨變天鵝

　　查莉發現自己處於這樣的狀況——嬰兒時期便從另一個西歐國家被領養過來，幼年時的成長是順利快樂的，父母親從來不避諱談論領養她的事情、她的原生家庭，以及對她的關愛。查莉有個妹妹是養父母親生的，很欽佩她，查莉很享受身為大姊姊的樂趣，也很有成就感。查莉喜歡各種活動，在英文和話劇上的天分讓她在班上相當受歡迎，同學都將她視為一個可靠、熱情的班級成員。在家裡、在話劇社，以及學校的音樂活動中，都是如此。

　　查莉九歲時，身體開始有有了變化，她覺得焦慮，編造各種藉口逃避參加許多課後的體育活動，似乎要將自己孤立於同學之外。查莉母親發現了，試著和她討論，想要讓查莉對身體的變化放心。當初經來潮時，查莉失去所有的自信，母親告訴她這是正常現象，對健康發展是個好徵兆，但她相當懷疑。和其他女生不一樣，查莉不僅感到尷尬，還擔心要如何在經期來時保持乾淨。她發現自己比其他同儕提早進入青春期，讓她開始擔憂起自己的

出生。查莉覺得儘管自己很受歡迎，但這個不受歡迎的變化意味著自己並不屬於這裡。有些好朋友們對查莉來經這件事抱持著超乎常理的敬畏態度，讓她獲得額外的尊敬和同情。

看出來，查莉在早期的發展階段是相當孤立的，且需要相當程度的安心保證。很幸運地，母親和女兒已建立起親密關係，這讓她可以繼續當女兒的傾聽者。當然，或許當查莉更適應身體的新變化並放鬆之後，或將擔心自己是領養的、永遠和其他人不一樣的害怕擱置一旁，就可以開始與一、兩個女生建立起親密的友誼，並減少向母親傾吐的次數。取而代之，查莉會開始尋找和期待其他女孩們的陪伴。

這階段的孩子很自然地會將注意力轉向朋友與同儕，但這樣的關係得靠早期與父母的關係來增添色彩，尤其是性別相同的那位家長。對查莉來說，母親開放的態度和願意關心女兒的煩惱，無論這樣的煩惱是多麼地不切實際，在這個辛苦的過渡時期的確給予很大的幫助。這樣的親切與親密關係在查莉心中留下一個範本，讓她可以應用在與朋友的關係中，甚至在之後與男孩或伴侶之間的關係都是一股力量。

進入青春期，有些女孩們將其視為一個欣喜的徵兆，用來證明自己的健康和沒有異常，難免也會覺得有點失落。像查莉一樣，她們可能會感受到其他孩子對自己的怒氣，或甚至是嫉妒，因為進入青春期代表踏入成人世界，月經來潮代表女性性徵

十到十一歲的孩子可能會不知所措和失落，不確定是否還可以表現得像個小孩子那樣，是不是年紀太小還不到可以交異性朋友，或不宜從事青少年的活動。但可以確定的是，他們不再像小時候一樣，喜歡從事消耗體力的遊戲，或對其感興趣。

開始發育。這所有的擔憂都會因慢慢放心和逐漸形成的自信心而消失不見，但有時因為賀爾蒙增加而導致情緒起伏，伴隨經痛所帶來的身體不適，會加速並造成長期的退縮與自卑。就像年紀較大的青少年對自我認同會有些掙扎，懷疑自己是否真的有長大成人的那一天，十到十一歲的孩子可能會不知所措和失落，不確定自己是否還可以表現得像個小孩子那樣，是不是年紀太小還不到可以交異性朋友，或不宜從事青少年的活動。但某方面來說，他們不再像小時候一樣，喜歡從事消耗體力的遊戲，或對其感興趣。

對於那些生理發展速度較為尋常的女孩們來說，青春期還是很遙遠的事情，但她們也會覺得很迷惘。有些女生對經期來潮的相關事情會相當焦慮，而忽視正發生在自己或他人生理和心理上不可避免的變化。這可以在變得極度投入遊戲當中，且專注程度看來應該是更小孩童的十到十一歲女孩身上看到。

　　莎杜對自己所聽到的有關青春期的事非常煩惱，覺得自己和班上女同學格格不入。她喜歡看電視，並定期造訪一個關心瀕

臨絕種動物的網站，在這個網站裡可以監測到亞洲和非洲瀕臨絕種的動物，並得知相關的訊息。最近莎杜喜歡把以前看過的故事書再拿出來閱讀，回味小時候所發生的趣事，以及想要看以童話故事為主題的電影。父母對莎杜這種「復古」的行為感到不解與疑惑。雖然不久之

> **貼心小叮嚀**
>
> 在邁入青春期之前，十到十一歲的孩子會突然回到更早的年齡，玩年幼時熟悉的遊戲、閱讀之前看過的故事書、回味過去的趣事、喜歡看以童話故事為主題的電影，這一連串的「復古」行為，只為了替未來的成長——生理和心理的發展做好準備。

後，莎杜慢慢減少這樣的行，並開始對和自己年紀相關的活動與行為感興趣。此時，莎杜變得更有自信，更確定自己的發展狀況，但在她準備好之前，必須先體驗一下小時候所熟悉的樂趣和安全感，才能將這些拋諸腦後，邁向生理與情緒的新紀元。

　　每個孩子對自己正在變化中的身體都有著特殊的焦慮、希望和期待。在某些家庭裡，進入青春期可能讓孩子與家長關係有機會出現一些新的轉變，雙方相處得更為融洽和愉快。有時候，會讓我們回想起自己在發展「新的」身體時所感受到的混亂或興奮感，或者有比不上他人的失望感。孩子可能和我們有相同的感受，或完全不同的感覺，因此在這個階段沒有任何教戰手冊。

魔鏡，我是世界上最強壯的人嗎？

在青春期的前三年，男生主要的發展是在生理上。在十到十一歲時，關於性別發展上的生理改變並不會對他們造成影響，當然也有例外的時候。即便如此，他們也會注意到身邊其他孩子正在經歷的變化。整體而言，不像女生，這個年紀的男生並不會因生理狀況改變而造成情緒的起伏，但對於正在浮現的性別意識，加上可能的好奇心，和想要知道這樣的轉變到底是如何發生的疑慮，會將全副心思放在身體上。孩童們所從事的各種遊戲，都可視為一個研究計畫。透過遊戲，他們不只探索外在世界，也探索自己內在的心理層面。還記得剛學走路的寶寶為玩具熊穿上自己嬰兒時期的衣服，並放在床上哄它睡覺，即為一例，而較大的孩子透過科幻故事與機器人玩著假裝和想像的遊戲也是一樣的心情。

玩具和營造工具組通常是要讓孩子創造出某些物體或東西，這些物體可以讓他們改善、培養和獲得特別的

> **貼心小叮嚀**
>
> 體能遊戲和對身體的認知了解，在男生正在發展的自信心中扮演相當重要的角色。在體能上探索身體和生理反應，對日後接受並相信自己會長大成為一個強壯、高大和有性能力的成年男性，相當有幫助。

能力。玩具製造商著重於培養想像力與邏輯能力，這些玩具也為孩童提供寶貴的研究機會，讓他們處理各種發展的可能性，包括心理、情緒和生理層面。對一個十歲的小男生而言，若不是透過多次嘗試想像中的可能性，他會很難相信自己以後會長大成為一個強壯、高大和有性能力的成年男性。

　　同樣地，體能遊戲和對身體的認知了解，在男生正在發展的自信心中扮演相當重要的角色。在體能上探索身體和生理反應，對於日後接受體能和性生活是有所貢獻的。

柯曉東／攝影

柯曉東／攝影

第五章

學校生活大不同

孩子這時可能面臨學校生活的巨大轉變，

包括學校的更換，

以及課業學習的更具挑戰性。

不同於前幾年著重在遊戲及透過肢體的體驗，

現在是以閱讀、寫作和邏輯推論為主。

十歲孩童開始擁有更多資訊和經驗進行思考與推論，

他們可以辨認其他人所面臨的困境與選擇，

並依自己觀點去協助他人解決一些問題。

而這幾年家長也需要重新評估，

自己在孩子發展過程中應扮演的角色與貢獻。

從小學校到大學校

在這個年紀，有些孩子會面臨學校生活的轉變，這個轉變來自於學校的更換，開始更為特定的學業生涯。對其他人而言，雖然仍會繼續在同一所學校上課，但課業上的學習更具挑戰性。老師和教育學程期待孩子們課堂所提供的教材當中，提升其邏輯與獨立思考能力。有時是以一種向孩子提問的形式呈現，無論在數學課或語言課或其他科目如歷史、自然、地理等等。孩子們前幾年有許多機會去拓展學習的過程，現在漸漸縮小範圍，已較少著重在遊戲及透過肢體的體驗來學習，而是傾向閱讀、寫作和邏輯推論。孩子們須處理記憶事物的挑戰，也喜歡從學習中獲得能力，和掌握資訊讓生活更井然有序。在十歲之前，他們還無法以不同的角度思考事物，或無法對不同的資訊做出平衡中立的判斷。如今，孩子們可以利用許多記憶當中的生命經驗，因為我們的記憶不僅儲存實際發生的細節，也記住所經歷過的情緒。

貼心
小叮嚀

> 這階段孩子的學習已較少著重在遊戲及透過肢體的體驗來學習，而是傾向閱讀、寫作和邏輯推論的學習。

有如此生動的經驗累積，十歲孩童可以擁有更多的資訊和經驗以進行思考與推論。這也讓他們更能真心展現同理心，想像一個世界是與自己所知完全不同的，而且存在著一群和自己有相同感受的人們。就像小

時候孩子可以辨識出母親的感受，十歲孩子也可以辨認出他人所面臨的困境與選擇，開始依自己的觀點去協助他人解決這些問題。

> **貼心小叮嚀**
>
> 從小學進入中學，最大的挑戰是課業，學習能力的高低、意外的發生和遭逢變故，都會導致課業成績表現不佳。

學校課業會要求這個年紀的孩子要有獨立作業與組織能力，當他們開始需要記住什麼課要帶哪本課本，從一個地方到另一個地點，課程時間的安排要比低年級時更為複雜時，另一個階段便展開了。絕大多數十到十一歲的孩童都已準備好要面對這些新增的責任，但在每一個階段，還是會有人無法達到要求，或發現某些變化是很難適應的。同樣地，孩子在處理新學校事物上的能力有部分是受到家長本身對學校生活的感受與過往經驗的影響。

有時候，較高的期望和相關的轉變僅止於學校生活範圍，但通常也會期待孩童在家裡也能夠有相同的成長。很多孩子會由從固定的生活作息中得到益處，包括寫家庭作業，但現在更需要某種程度的動力與規畫能力。學校作業常常被視為一種挑戰，不僅是對孩童本身，對家長而言也是如此。有些孩子已經養成閱讀習慣，喜歡從自我探索當中得到滿足感，克服老師給予的挑戰測試，並期待更多高難度的課業。

對於在這時候更換學校就讀的孩子而言，會面臨額外的挑戰，離開熟悉的環境，包括熟悉的老師和教職員，加入年紀較大

的群體當中，在那兒自己又成為年紀最小的一員。不像小學，中學不會對個體有過多的注意力，也不會關注孩童的學習發展或社交發展。孩童可能會習慣在同一間教室上課，由一到兩位老師授課，傑出的作業會被張貼在教室裡。一旦進入中學，學校生活的轉變相當令人驚訝，儼然就像另一種完全不同的文化一樣。中學的教室當中，主角不再是學生，而是老師所教授的科目。孩子將進入一個世界，這個世界裡老師眼中的學生都是一樣的，自己就是其中一員而已。越來越接近成人外在世界的運作方式與應承擔的責任，國中或高中的生活對尚未具備獨立能力的孩子來說會讓他們相當不安。

你學會閱讀、
寫作和算數了嗎？

為了善用學習機會，充分利用經驗、想法和觀點，孩子必須對這個世界有信心並感到自在，尤其是能夠掌握如閱讀、寫作和算數等基本技巧。每個環節都存在許多焦慮，擔心是否會成功，或擔心是否能夠勝任閱讀和數學課程。這反映兩種想法之間的拉鋸，一是鼓勵將學習視為樂趣和充實的來源，另一明顯相對的，是將學業當作評斷表現的指標。因此，孩子可能擔心是否擁有足夠的技能或本錢，才能有自信地思考自己所存在的世界。多數的

孩子會接受考試，並發現困難之處，
因此針對基礎科目會需要一些額外的
協助。然而一旦還沒具備這樣的技
巧，十一歲的孩子會發現這些新課業
伴隨而來的期望和壓力是相當令人畏
懼的。

貼心
小叮嚀

良好的親師合
作對孩子的幫助很
大；家長如何拿捏
和老師之間的溝通
也是很重要的。

　　一個十或十一歲的孩子，可能課業上面臨困難，例如，數
字或字母難以解讀或記憶。有些人發現可以毫無困難地理解文字
指示，卻無法理解在教室裡所聽到的訊息。老師和心理師漸漸發
現這些失能的狀況，可能是在全面平衡的發展過程中暫時性的轉
變。閱讀和算數對某些孩子來說特別困難，他們會需要個別協
助。的確，在這個年紀，大多數老師會特別注意這樣的狀況，確
保孩子準備好面對未來的課業學習。有時候，家長會覺得學校老
師不了解自己孩子在學習上的困難，這可能是因為老師尚未擁有
足夠的資訊，來詳細確認孩子這方面的問題。在孩童早期學校生
活當中，家長及主要照顧者若能與學校教職員建立關係是相當有
幫助的，對孩子的整體發展可以擁有更全面的了解。之後，和學
校老師或教職員的溝通就會更順暢，老師們對學生在個別情緒需
求的涉入程度也可以較低。因此，需要仰賴家長與照顧者努力保
持這項暢通的溝通管道。提醒老師關於自己孩子在學校的困難，
對教職人員有極大的幫助。當然，探討原因也是必要的。
　　舉例而言，孩子可能因為很多理由而無法閱讀學校所規定的

讀物。有時候，這些困難可能是學習障礙的徵兆，因此需要仔細深入了解，才能確定是否需要補救教學的協助，或只是暫時的適應不良。課業上的困難也可能表示孩童在其他方面的擔憂。對家中生活有所顧忌的孩子，或生病的孩子，會無法專心於數學公式或雨量的比較上。我們可以了解，對好老師來說，評估孩子在學習上的困難是相當複雜及不容易的，因此，若家長可以提供相關的資訊，對老師們絕對很有幫助。

▍搞怪小孩的祕密

　　十到十一歲兒童在教育過程處於一個尷尬的位置，他們不僅需要以更成熟的方式學習，還要表現得更獨立和有自信，但仍有許多孩子需要在一個控制與指引的環境下學習；同時課堂之外的生活空間，如學校餐廳、走廊或操場上，則是孩子們最常遇到挫敗的地方。雖然現在他們擁有較多的獨立時間，可以去圖書館，參加體育團體或社團，讓他們獲得更多的自信，但對部分孩童而言，雖處於更自由且限制較少的世界，但大多時候仍要在同儕團體的視線下活動，一樣是難以承受的。

　　丹尼十一歲聰明、瘦小，才剛進入中學就讀，和大自己三歲的哥哥就讀同一所學校。丹尼剛開始有點害怕，他採用虛張聲

勢的方式展現自己。每天早上，大步
走進校門，大聲喊叫同學的名字，搞
笑誇大地描述從起床到放學所發生的
一切過程。有一次在教室裡，他不停
娛樂同學、做鬼臉、在座位上動來動

> **貼心小叮嚀**
> 對於自信心不
> 足的孩子，必須讓
> 他知道有人關心他
> 支持他。

去，就像在小學時一樣，結果很成功激怒老師，獲得注意，並因
為在班上頑皮搗蛋和無禮搞笑而大受歡迎。儘管如此，老師知道
丹尼的行為仍在掌控之內，也理解他刻意隱藏因感覺渺小而害怕
的情緒。

　　但久了，沒人有耐心對待丹尼，他的滑稽行為在前米點名的
老師們眼裡看來是浪費時間和想要引人注意。丹尼想獲得大家注
意的行為對學校當局已是一種挑戰公權力的表現，老師們開始處
罰丹尼課後留校、給他更多的作業，顯示權威，卻沒想到因此讓
丹尼更變本加厲，即使私底下丹尼希望像哥哥一樣。在第一學期
母姊會當中，媽媽讓大家理解丹尼的感受，是因為擔心自己在班
上毫不起眼，擔心永遠都無法像哥哥一樣傑出。丹尼的級任老師
因此更能夠體諒他，並做了一些安排，找一位同學當他的守護天
使，在中午用餐，或搭公車到體育場時陪著他。這樣的處理方式
讓丹尼重拾對新學校的自信，也排除自己不敢面對被人叫出姓名
或認出時所產生的擔憂。很快地，丹尼可以與年紀較長的學生建
立關係，他開始覺得能夠掌控學校生活，也是直到這個時候，他
才準備好處理老師所交付的作業。

　　除了我們記得在學校所遇到的一般擔憂之外，有些孩童會因為分離，而導致在學習課業上，或適應學校生活的方式上遭遇困境，例如突然罹患嚴重疾病，或當學校課業要求很高的時候，他們就會陷入一團混亂當中。

無法上學時，該怎麼辦？

　　凱蒂是一個活潑的十一歲女生，有很多的朋友和感興趣的事物——涵蓋範圍廣闊，從騎馬到前往運動中心玩跳床。在中學開學後的一個月，凱蒂從一匹小馬上跌落，並摔斷了腿。她一開始受到驚嚇，後來則因為骨折住進醫院治療，要在床上安養好幾個星期。凱蒂本來對新學校充滿了期待，並很高興能和前同校的朋友一起進入新學校。父母親原本有點擔心去上學的這段路程，需要走上一段路搭校車，凱蒂已適應得相當好。跌斷腿這件事對凱蒂來說是一大打擊，讓她不只與原本的朋友，也和新認識的同伴分開。同學非常同情她，老師也利用英文課的時間讓大家寫卡片和小故事給凱蒂。她的朋友們曾到醫院去探望她，凱蒂的家人也鼓勵大家多打電話給她，或隨時來看她。凱蒂必須放棄這學期剩下的課程，當春季學期開始時，她才能夠拄著枴杖回去上課。

　　這個笑容滿面與個性外向的小女生吸引了許多同情的目光，原本學期一剛開始對她不是很了解的老師和同學們，現在知道有

這麼一號人物，開始關心問候她。凱蒂在醫院時得到一些課業協助，但仍得放棄大部分的課程。凱蒂擔心離開這麼久的一段時間後，再回到班上時是否還能夠輕易地融入，特別是法文課，因為自己從來沒有學過。在回到學校的前幾個星期，凱蒂相當疲倦與厭煩不耐，覺得需要趕上其他人的進度是一件不可能的任務，但一旦獲得大人們所給予的鼓勵和稱讚，她慢慢進入狀況。在年底學年考試來臨前，凱蒂已經趕上當初和她一起入學夥伴們的學習進度了。

　　相反地，艾莉絲也對新學校生活相當期待，她是個學習速度很快的孩子，喜歡研究學校裡艱澀的課業，而且給自己更多的念書時間。艾莉絲也有一個同路上學的朋友，兩人即將要念同一所新學校。雖然不像凱蒂一樣活潑好動和笑容可掬，艾莉絲也深受同學和老師們的喜愛，大家覺得她認真細心、未來無可限量。她毫無困難地適應新學校的生活，對學校課業充滿熱情，在學習上經常超出老師要求的範圍外。她的家庭也默默給了她支持，家人認為能夠自動念書和獨立思考是很重要的。

　　很不幸地，接近耶誕節時，艾莉絲生病了，需要跟學校請假在家休養。一剛開始時，醫生並無法確定艾莉絲生的是什麼病，她去醫院

貼心小叮嚀

由於不同個性會形塑出不同反應，因此每個人對不幸事故的反應也都不一樣。

做了許多檢查，在等待進行檢查時越來越覺得不舒服，直到住進醫院後才發現是慢性腎臟病。當出院回家後，艾莉絲仍有好幾個月相當不舒服，且要定期回診。她也得放棄第一學期的課程，老師準備一些功課讓她在家自習，艾莉絲也開始畫畫和聽音樂。朋友們會來家中探望，但她仍相當虛弱。朋友們的探訪有點累人，也讓她難過，因為她們會不停談論玩的遊戲、參加的社團，和參與學校活動所帶來的樂趣等等。

新學期開始之後，艾莉絲相當渴望回到學校上課，她有信心可以彌補錯過的課業。然而，回去上課並不如想像中容易，當艾莉絲生病在家休養的那幾個星期，她變得較安靜也較嚴肅，其他女孩們都已經在學校的社交圈中找到歸屬。艾莉絲與同學建立關係的過程變得相當困難，她覺得自己像晚到且多出來的那一個。雖然經過後來幾個學期，艾莉絲漸漸恢復健康，也因她的努力與聰明贏得他人的尊敬，並找到好朋友。不過，她艾莉絲仍有點像局外人，再也不像生病前那樣有自信。艾莉絲從自尊心受到的創傷中慢慢恢復，暫且不管在學業上有什麼的成就，她都需要好幾年的時間才能夠放鬆，不再擔心疾病復發的問題。

這兩個小女生對不幸事件的反應相當不同，也可以看出家庭和朋友對此的反應，和天生個性如何影響孩子對挫折的反應。

家庭變故對孩子的影響

梅瑞克是個順從的男孩，整體來說，大家認為他容易相處、聰明，野心不大，如果可能，在空閒的時候喜歡打電動玩具或看足球轉播。對中學的生活會是什麼樣子，像其他人一樣，他是有所保留的，因此當有機會去參觀學校時，他相當高興。梅瑞克很擔心自己是否可以應付中學課業，和記住所有的事情，但他仍很期待每個星期能有一天下午在大操場上踢足球。暑假時梅瑞克和妹妹到國外親戚家度假，和阿姨、叔叔和表兄弟姊妹們共度長長的假期。

當孩子離家度假時，梅瑞克的爸媽正在解決因生意失敗所導致的財務危機。最後，梅瑞克的父親為了要解決危機，決定把房子賣掉，搬到小房子住。母親對此十分傷心，因為她非常喜歡老家，而且許多好友也都住在附近。當梅瑞克和妹妹度假回來時，發現家中正在打包，父母親堅強地試著讓孩子們放心。隨著開學的日子接近，房子很快就賣掉了，梅瑞克一家搬進一間租來的公寓。爸媽擔心這次搬家對孩子的影響，試著跟他們討論，但梅瑞克相當生氣，把所有不開心都歸咎於父親身上，母親對他加深父親的愧疚和焦慮，也相當氣憤。好在梅瑞克可以從學校生活中得到慰藉，他很高興自己可以離開那棟冷漠的房子。儘管對學校有熱切的期待，和從朋友那兒得到暫時的解脫，但他也發現自己無法專心在學校的課業上。他像之前一樣打混，直到期末前，老師

或爸媽都沒有注意到這個問題。期末考試的結果顯示，梅瑞克幾乎沒有學到任何東西，老師非常不悅，而梅瑞克對突然加諸在自己身上的惡劣名聲，也覺得受到莫大的侮辱。

　　所有人，甚至是梅瑞克自己，都沒發現學校生活並無法轉移他對家裡狀況的焦慮。爸媽兩人恢復得相當迅速，父親也找到了新工作。因此，大家對梅瑞克課業的嚴重落後相當不解。父親認為他不認真的態度，以及無法全心投入課業，是這個年紀都會遇到的狀況，長大點，情況也會跟著改善。母親原本也是這樣認為，直到老師提出不同看法，因為梅瑞克的體育和數學成績都相當不錯。

　　梅瑞克自己對任何小爭執都相當不自在，甚至有段時間當所有大人都注意自己時，他對所有事物都相當緊張，也因此讓情況變得更糟糕，讓梅瑞克感覺更尷尬和加深自己的罪惡感。外人無法想像他在這樣的狀況下所承受的焦慮，以及讓他專注外界，或思考更多的事情，對他來說有多麼困難。英文和歷史課要求利用想像力，以及拼湊主觀想法的細節，對他來說太多且無法承受。若是梅瑞克讓

貼心小叮嚀

　　學校生活和同儕相處或許可以稍稍轉移兒童對家庭的注意力，得到暫時性的緩解，但對家庭的擔憂焦慮依然沒有解除，最明顯的就是反應在課業的學習及成績上。當父母發現孩子成績突然一落千丈或上課不專心時，就該找孩子聊一聊。

自己思考這類的事情，可能會喚起太多無法承受的回憶，是關於舊家和以往生活，在那當中他是安全的。對梅瑞克來說，父母在財務上的困難，很不幸地和自己意識到要離開嬰兒期和過往安全舒適世界的這個關鍵時刻同時發生。

　　這些案例顯示這年紀的孩子是充滿壓力的，這可能是相當普遍的狀況。家長和照顧者可能認為在青春期之前的這幾年是相對比較單純的，因為孩子還沒進入到我們認為的青春期會有的情緒變化。更換學校的順暢與否大部分取決於家庭文化、孩子個性，以及學校與同儕團體的期待，這些種種面向的綜合。家長仍然對孩子的生活有相當大的影響，雖然在這個時期，父母的影響力較不明顯。有時父母會很驚訝地發現孩子在發展上突飛猛進，因此要調整所提供的支持也會有點困難。

▌你喜歡學校嗎？

　　瑪麗的母親很討厭自己的中學時代，她以前是個害羞的女生，獨生女，第一天上學，就被廣闊的操場，以及高年級同學喧鬧的行為所嚇到。因此當女兒要進入中學時，她希望幫助並保護瑪麗避免那些可能發生的情況。母親和瑪麗對即將要面對的變化有許多討論，在某些方面，對她有很大的幫助。為了即將到來的

新學期，她收集了許多新文具，買了新制服。然而，第一天開學時，她非常緊張，因此母親請了半天假，送她到校門口，確認一切順利之後才離開。瑪麗一整天都很沉默，之後的一個星期也是如此。事實上，她很高興發現實際狀況比媽媽所描述的要有趣許多，但母親對於她的沉默相當擔心，要求星期五下午和班級導師聊一聊。老師認為瑪麗適應良好，而且與其他女同學們看起來相處融洽。母親認為老師可能不太清楚她會因為想要融入團體，而隱藏自己的焦慮，因此兩人同意再觀察一個星期，下週五再進行討論。

　　接下來一個星期，瑪麗的狀況依舊，媽媽試著問她有關學校的生活，想要了解是否有任何事情讓她擔憂，她只是聳聳肩回答說一切都很好。老師也覺得瑪莉看起來很喜歡學校生活，而且已經和另外幾個比較安靜的女生成為好朋友。最後，母親只能放棄，很挫折也很擔憂，卻無可奈何。她想像瑪麗會越來越沉默不語、課業落後，很快就會想要離開學校，放棄學業。

　　出乎意料，甚至是令人驚奇地，幾個月後，瑪麗開始熱切討論要學習西班牙語，因為相當喜歡法文課，因此希望多學一種語言。瑪麗和朋友在年

貼心小叮嚀

　　父母會不自覺得將自身不好的經驗、感受傳達給孩子，造成庸人自擾的情況。其實孩子和父母都是獨一無二的個體，想法、個性、經歷都不一樣，結果當然也不同。別擔心，兒孫自有兒孫福。

級當中是語文能力最好的，孩子們自己也相當驕傲。母親也慢慢克服自己的訝異，了解到女兒遺傳了父母某些部分。當媽媽對瑪麗文靜個性有所擔憂，想像女兒會像自己當年一樣對學校生活害怕，其實她比媽媽所知道的要更為放鬆與有自信。相對地，她對母親相當忠誠，因此覺得不太好意思和媽媽分享學校裡開心和有趣的事物。

雖然孩子們通常會遺傳父母的個性，有時候幾乎是一個模子印出來，但許多地方也會有相異之處。在這幾年的發展當中，家長可能會相當困惑。之後，孩子自我的堅持要有和形成自我意識的冀望會漸漸越來越明顯，家長可能需要重新評估自己在孩子發展過程中所扮演的角色與貢獻。無庸置疑地，自身孩童時期的相關經驗，對家長從旁協助孩子發展能力也有很大的影響。

楊文卿／攝影

第六章

需要協助的時刻

這時期讓孩子相當困惑、不知所措

因為即將從依賴邁向獨立，

此時讓孩子及時發現自己可以有一些彈性空間，

可以和父母親友有相同的想法，

也可以跟他們不一樣，有自己的想法，

這對孩子來說會是個可貴的資產。

家長需要引導孩子表達自我的感受，

以及懂得用溝通的方式與人互動。

若能默默審視孩子的想法，

並且借鏡過往事件的經驗，

將非常有助於評估孩子的變化。

家長或照顧者持續關注、了解孩子，保有好奇，

可以在困難時刻支持他們，讓他們放心，

這是孩子成長過程中最為寶貴的資產。

家長與照顧者可以幫助孩子在早期發展中獲得溝通上的自信，這裡所指的並非是在沒有仔細思考就將感覺表達出來，而是鼓勵孩童在家庭生活中用溝通的方式互動。這跟鼓勵孩子去填補和跟上大人關注的談話空間有點不同。及時發現自己有一些空間，也發現有一些和父母與親戚相同的想法，對孩子來說是個可貴的資產。但若是導致孩子認為自己有權參與家中所有重要的討論或思考，那就沒太大的幫助了。

對很多人而言，表達自我感受並不是個自然的舉動，而且如何才能夠讓孩子輕鬆說出自己的感覺？要如何知道孩子是否單獨承受焦慮或壓力的困擾？家長或照顧者對孩子所認識的一切，將會很有幫助。

總之，要知道孩子是否有不為人知的擔憂或問題，並列出某些評估標準是很困難的，但若默默審視孩子的想法，借鏡以往的經驗，對評估孩子的變化會是一項相當寶貴的指標。舉例來說，若有個孩子一向是很挑食的，遇到改變或無法承受的壓力時，挑食的情況會變得更嚴重，只有在覺得較適應時，挑食的行為才會回到原來的模式。對另一個孩子來說，突然沒胃口可能是個重要指標。一個十或十一歲的孩子對處理事物已發展出較多的能力，遇到困難時，可能不會像小時候那樣容易生氣或

貼心小叮嚀

默默審視孩子的想法，且借鏡以往的經驗，對評估孩子的改變會是一項相當寶貴的指標。

不高興，若發現孩子在情緒或想法上有著持續的變化，就值得探究在他們環境當中是否面臨了新壓力。

幫助孩子成長

　　到目前為止，書裡所有的描述和討論都是關於十到十一歲孩子與其家長和照顧者所擁有的普遍擔憂。有時候，所遭遇到的困境是很尋常的，卻難以調適。到了這個年紀，這些困難可能已經成為更明顯的問題，例如有些孩童會遭遇學習遲緩，或有些會難以和其他人建立關係；其實，較為複雜的需求很少是第一次才出現的。

　　十到十一歲的孩子正邁向一條介於延續兒童期與進入青春期之間的道路，對家長而言，這可能是相當辛苦的時期。此外，關於面對生活中高低起伏的反應，孩子個性有很大的影響。對某些孩子來說，移民或失親是相當難過和痛苦的經驗，但最終他們會振作起來，繼續未

貼心
小叮嚀

十到十一歲的孩子正邁向一條介於延續兒童期與進入青春期之間的道路，對家長而言，是相當辛苦的時期，要有心理準備。此外，關於面對生活中高低起伏的反應，孩子個性有很大的影響，所以，除了先天特質的個性之外，父母能著力的就是後天養成的這一部分。

完成的成長過程；而個性較為錯綜複雜和敏感的孩子們可能很容易就失去平衡。因此，要如何判斷孩子是否需要進一步的協助？若需要協助，是否將成為孩子未來一直難以擺脫的「弱點」或「能力不足」？

　　這個年紀是許多外在因素交互衝擊在孩子身上的時候，因此若在短時間內孩子感到焦慮，或遇到交友上的問題，其實都是很正常的。但如果是在提供了支持或給予同理支援之後，孩子仍然持續沉默孤立，或易怒，或容易難過哀傷，此時外來的協助就有需要和有幫助的。舉例來說，如同前章所討論的案例，家中並沒有任何明顯的狀況，學校也沒有出現任何問題的徵兆，但孩子就是沒來由地不開心。此時，受過訓練的專業人士不僅擁有相關知識，也是家長可以尋求支援的對象。

家有特殊兒童

　　近年來，在辨識孩子學習障礙上越來越進步，現在絕大多數學校會指派特定教職員評估和策畫如何協助需要幫助的孩子們。然而，這樣的教育架構很自然會著重於協助孩童如何加強讀寫和算數上的能力，以便之後能夠通過考試。有些孩童並不適合目前的教育方式，原因相當複雜，這些通常包括對課堂上的要求有不同的感知能力和因此所聯想到的種種焦慮，這些常常會導致孩童

在上課時不專心，或無法記住單字和數字。學習進度越落後，家長與孩子的焦慮也會越來越加深。

　　如同孩子在其他方面的發展，家長或老師們不太可能不會發現一個十到十一歲的孩子在課業上的困難。偶爾，孩子們可以善用大量的資源且發揮小聰明，在不被發現的情況下解決所面臨的困境。若是這樣的狀況，通常比較可以從單一課程去發現問題的端倪。

　　琵雅一直都很喜歡上學，不僅因為她是一個非常受歡迎的小女生，她還很喜歡聽故事，對所有的人事物都十分好奇。但當琵雅和同學開始學習認字，和展開閱讀的第一步時，她卻飽受挫折，因為琵雅渴望能夠好好看懂書中內容，並找出故事最後的結果。她盡力嘗試，卻仍然無法趕上其他女同學的進度，不過，琵雅發現只要看懂每一段的最後一句，就可以猜到整段內容，甚至還可以回答老師的問題。發現這個方式可以跟上同學的進度後，她鬆了一口氣，問題出在她需要猜測漏掉的那一部分，讓她沒有時間好好把整段故事看完。一直到小學的最後一年，琵雅都應付得來，雖然讓她每天放學都相當疲累和煩躁。偶然的一次小考，讓琵雅這樣的學習方式露了餡，她非常難過，又害怕爸媽和老師會非常生氣，並被同學發現自己是個「笨蛋」感到羞愧。

　　有時候家長和照顧者本身就曾經有學習上的障礙，卻從來

沒有被發現，長期忍耐充滿壓力和不開心的在學日子。因此，當別人發現自己的孩子有學習障礙時，難免會產生複雜的情緒。或者，他人使用的詞句對家長而言太過於難受：學習障礙與特殊需求聽起來像一個確定不會改變的評價和歧視，尤其是從家族歷史的角度上看，上下一代的情況不一致時。

珊卓拉的父親是醫藥研究員，大部分時間都花在研究和撰寫技術報告或學術報告。她也跟隨父親的腳步，接受醫學院的訓練成為醫生，之後專攻與心血管相關的疾病。聽到兒子修居然在學習數學遇到困難，無法理解連續性的數字，她相當驚慌和氣餒，在她看來，這個問題不該發生在自己孩子身上。因此，她和先生花了些時間才接受修在數學這一門學科上需要額外的補救，才能讓他繼續留在私立學校就讀。幾年之後，讓她更驚訝的是，其實自己在理解數理邏輯上也有困難，雖然從來沒發現在處理資訊時有任何特殊的問題或障礙。

貼心 小叮嚀

特殊生家長和孩子雙方的感受，和實際生理或情緒障礙症狀，都會深深影響這年紀的特殊孩童在主流教育體系裡的適應，以及在社交生活上的應對。

我們通常低估了不安的程度，甚至是丟臉羞愧的程度，孩子和家長都會需要一些幫助，就像從醫生口中得知診斷，通常會導致幾種情緒上的反應，從鬆了一口氣到覺得丟臉和焦慮。就像

孩童在其他方面的發展一樣，若能夠在問題浮出檯面之前，了解孩子可能經歷的焦慮和難過，對協助他們將有很大的幫助。倘若可以和對孩童在學習障礙上有處理經驗的專業人士討論，更是難能可貴。有時在學校孩子會與心理師進行諮商會談，教育心理師都受過特殊的訓練，可以評估和探索孩子們要如何在學習方面利用心理層面上的能力。學校心理師看過許多孩童和典型的發展過程，這些經驗可以有效應用在有個別需要的孩子身上。這表示若是提出要求，他們可以解釋任何一種困難或障礙的本質，以及這些會如何影響孩子的整體思考能力和學習能力。通常之前老師們都已花上一段間觀察孩子，並計畫要如何幫助那些已經顯露出某些徵兆的孩子，這些徵兆表示孩子在學習上需要更特別或量身訂做的幫助。並將他們的觀察與家長分享，以便獲得更多的資訊，或傳達自己的關懷。

為什麼跟別人不一樣？

擁有天生障礙，或在發展過程當中出現身心障礙的孩子們會需要特殊的支持。在這個年紀，大多數這樣的孩子已經獲得固定的協助，無論是特殊學校或相關療程。家長們可能會發現在考慮接受某些協助的決定過程是相當困難的，讓他們更加覺得自己的孩子是特殊不同或失能的。舉例來說，選擇讓孩子就讀特

**貼心
小叮嚀**

些特殊孩子會受惠於特殊學校所提供的小班級教學，也會因為更多人能夠很快理解自己的經歷而過得比較開心，但有些特殊孩子則需要在與正常孩子互動的經驗當中得到歸屬感與安心感。藉由了解孩子的觀點與個性，加上詳細認知其所患有的失能障礙問題，可以較清楚知道要如何協助他們快樂地成長茁壯，或幫助他們發揮潛能。

殊學校，還是讓他們留在主流教育體系，這樣的決定可能是一個難受和艱難的權衡過程。上述所提及與學習障礙相關的感受與疑慮也會發生在有特殊需求的孩童家長身上。家長和孩子雙方的感受，和實際生理或情緒障礙症狀，都會深深影響這年紀的孩童在主流教育體系裡的適應，以及在社交生活上的應對。有些孩子會受惠於特殊學校所提供的小班教學，也會因為更多人能夠很快理解自己的經歷而過得比較開心，但有些孩子則需要在與正常孩子互動的經驗當中得到歸屬感與安心感。藉由了解孩子的觀點與個性，加上詳細認知其所患有的失能障礙問題，可以更容易找到協助他們快樂地成長茁壯，或幫助他們發揮潛能的方法。有時依照家長的直覺也是有所幫助的，這是相當重要的環節，因為醫療人員或教育專家的涉入，可能讓家長覺得自己對孩子的了解不夠，因而認為自己的建議或想法相對來說是較不重要的。

愛我，就請幫幫我

　　除了因為生理或天生遺傳因素導致的特殊需求之外，有時令人震驚的事件或無法想像的壓力也會對我們造成衝擊。對十到十一歲的孩子而言，因這類事件引發的強烈感受所造成的影響，就像大人一樣也會導致心理的警覺狀態。有些事件在之前章節已經有所討論，是在較為典型的家庭生活和較為合理的情況下發生的。有時孩子們看起來似乎陷入其中，無法從有缺陷的想法中解脫，因為害怕做惡夢而晚上無法入睡。有時家庭成員之間的關係是惱人且無法溝通的。就像大人一樣，孩子們也會有情緒低落的情況，或畏懼與他人互動。他們可能會有睡眠或飲食習慣上的困擾，或甚至偶爾被情緒壓力所奴役而傷害自己。若無法透過家長的關心或支持來幫助他們，家庭醫師便會評估問題的嚴重性，轉介到合適的診所進行治療。可能包括小兒科醫師的診斷，或與家庭治療師會談，或接受專業人士的協助，這些人均接受過相關的

> **貼心小叮嚀**
>
> 除了因為生理或天生遺傳因素導致的特殊需求之外，有時令人震驚的事件或無法想像的壓力也會對孩子造成衝擊，例如，因為害怕做惡夢而晚上無法入睡、與家人的關係不好、無來由的情緒低落、畏懼與他人互動及嚴重的飲食問題等，如果長期持續如此，就需要尋求專業的協助。

訓練，可以詳細思慮孩子的問題，以及必要時決定是否需要提供適當的治療。

父母是孩子最寶貴的資產

在這個年紀，孩子們站在一個十字路口上。二位數年紀的到來，代表孩子們認知自己是一個獨立的個體，成長的跡象和時間的流逝更為明顯。無論在何種情況下，或擁有哪種人格特質與個性，孩子們無法不注意到那些無助、需要依賴他人和缺乏經驗的日子已經屈指可數了。如同書中所討論的，孩子們對於現實生活、自我感受，與所生存世界的認知反應會大不相同。但不可諱言地，十一歲孩童對自己所居住世界的觀點會受到家長或照顧者與他們互動經驗的影響。家長或照顧者，持續對孩子關注、了解和好奇，以及所擁有的豐富經驗，可以在困難時刻支持他們，讓他們放心，並成為他們在成長過程當中最寶貴的資產。

貼心小叮嚀

身為家長或照顧者，請持續對孩子關注、了解和好奇，加上自己所擁有的豐富經驗，可以在困難時刻支持他們，讓他們放心，成為他們在成長過程當中最寶貴的資產。

黃逸濱／攝影

蘇柔雯／攝影

—— 第二篇 ——

擺盪在衝突與迷惘中的大孩子

12-14歲青少年

文／瑪格‧瓦戴爾（Margot Waddell）

【介紹】

夾在失去的童年和準成人階段中間的十二到十四歲孩子們在這幾年當中，會面臨生命中最多衝突、困惑和挑戰的日子。這時候的孩子們游移在想被了解，與不想被了解之間。對於想要知道孩子進入青少年時期到底在想什麼的家長們，這幾年也是充滿疑惑和挑戰的時光。孩子在這個時期會擁有新朋友，性別特徵發展快速，興趣改變，認知也提升。此時，是從家庭轉移到外面花花世界的一個重要階段。

這個轉變過程會以多種不同的形式呈現在生活中，需要全心全意去面對。這是一個充滿焦慮、擔憂和期待，對未知感到害怕與飽受威脅的時刻。這時候，生理發育極為迅速，遠超過任何一個階段，僅次於胚胎在子宮內的成長速度。在此同時，心理變化與情緒發展也是最為顯著和嚴苛的。

曾經畫下的界限會飽受測試，假設會被質疑，需要忍耐失去一些東西。剛從小學畢業的十二歲「兒童」，正在新舊世界當中掙扎著，經歷一段令人既害怕又興奮的人生重要轉折，既依賴以往熟悉的事物，卻又對下一個陌生的生命階段著迷。到十四歲時，這些「年輕人」看起來已經拋棄過往幼稚的事物，搖搖晃晃地邁向一個複雜無比的個人世界與社交圈，縱使尚未確定自己未來的方向或目標。這時佔據心中的是「我是誰？」一個自我認同的議題。

　　一個有十二歲男孩和十四歲女孩的母親，與有相近年齡的孩子的朋友說：「我得回家看孩子了，他們現在比小時候還需要我在身邊，什麼事都要跟我討論。」對方回應：「你很幸福，至少孩子還願意跟你說話，我一點也不知道我的孩子們到底在想什麼，很擔心，卻只能希望老天保佑一切順利。」

　　多數的家長都知道十二到十四歲的孩子們正以他們特殊的方式經歷極大的變化，對家長和孩子們都一樣，適應這些變化是相當難熬的。對父母而言，或許較難發現孩子在經歷這些過程時，自己也參與其中。許多家長一路陪伴孩子成長，在此階段更明顯的是，來自父母的了解有助於孩子們感受到安全與培養自尊，這比以往任何時刻更重要。這些理解完全建立在父母持續質疑自己老早已經知道的、忍受那些不知曉的、不斷測試自己、從過往經驗中學習，尤其重要的是，容忍被拒於門外的感受——孩子表現出來的是抗拒、消極、剝削和欺騙的行為——父母只能暗中祈禱這些都只是孩子準備要離巢展翅高飛前暫時的痛苦過程。身為十四歲青少年的家長，感受到的情緒可能相當不同於十二歲兒童的父母——有時候覺得孤單，有時又覺得幸福與充實，艱苦難熬則是常態。爸媽們可能會發現與孩子之間有一種新友誼，也會產生不同的對立狀況。孩子似乎不斷測試自己的忍受極限，也常收到孩子這樣的回應：「我很愛你，但不是一直都喜歡你。」

　　要如何考量所有的因素，了解其中的緣由呢？在目前的階段，這些思考和理解會更加困難更為艱辛。本篇探討十二到十四

歲孩子的社交行為、情緒與心理狀態，考量進入青春期時的心理變化反應，包括對性別特徵的焦慮和認同的問題。這些會反應在不同的友誼關係上，尤其是來自團體的友誼，以及學校和家庭生活對孩子的期望與要求上的變化。本篇也探討這個年紀的孩子在慾望、疑慮與熱忱上的一般表現，以及不對勁時，家長與孩子可能遭遇到的隱藏危機、壓力和擔憂，其中一項是這個族群呈現的自我傷害方式：毒品、酒精、自殘、飲食失調、犯罪違法。這階段孩子突然對自由的體認與需要，以及對未來保護自己免於恐懼的需求會增多，保持這兩者之間平衡的困難度，亦是本篇所著墨的面向。然而，儘管同樣困擾孩子與家長的多項問題，如能充分了解可能發生在這個年紀的青少年身上的種種狀況，就可以幫助家長們更愉快地與孩子相處，並提供適當幫助和支持。

第一章

孩子怎麼變了？

「我到底怎麼了？」

心理、生理構造或賀爾蒙的作用，

讓孩子無法掌控青春期的變化。

通常女生會比較早進入青春期，男生較晚。

女生開始有月經，胸部與陰毛開始發育，

體型和輪廓快速變化，體重也增加。

男孩子會擁有第一次射精經驗，

體態豐滿，長出體毛、青春痘，聲音也會不一樣。

這些外在徵兆通常會導致許多複雜的感受，

以及對家長產生渴望與反感，

加上與外面世界社交互動的需求，

孩子們必須邁開離開父母的第一步。

十四歲的孩子會覺得十二歲是屬於遙遠的以前，那時的自己和現在的自己幾乎是完全不一樣的人。若是請他們回想十二歲時的自己，典型的描述有：

我十二歲的時候需要二十四小時的全天照顧，我就像一個小孩。現在大家把我當作大人一樣對待。

我那時候很喜歡待在家裡做一些幼稚的事情，像玩電動玩具。現在我比較喜歡有競爭性的運動；跟朋友出去，隨便什麼地方都好。

我以前很乖，現在會做一些讓人生氣的事情——亂發脾氣、耍性子、自私、取笑別人，幫別人取很難聽的綽號。

我現在比較喜歡和朋友在一起，而不是和家人一起。

我以前比較不會煩惱跟男生有關的事情，但現在會，而且比念書花更多的時間。

我之前需要有人照顧，現在我可以一個人。

十二歲的時候，我活在面具底下，試著想要生存下來。現在，我可以做我自己了。

我從前什麼事情都會跟爸媽說，現在任何事情都不想告訴他們，即使是很不重要的小事，我也不想跟他們說。

十二歲時，如果我想吸引女生的注意，會很努力地表現，並多以行動表示。但現在我會和她們聊天，聽她們想要說什麼。

以前家人是很重要的，但突然之間，我不想跟他們有任何關

係。事實上，我寧願他們都已經死掉。

那時候，我當然不想要一直都是十二歲，我想要長大，可以穿魔術胸罩，在城裡遊晃，試著融入不同的地方。

我不再老是想要找我媽。

從一個在情緒和生理上都需要「一天二十四小時」有人照顧的孩子，變成一個忙著想要拋下「幼稚的東西」和「不再老是想要找媽媽」的青少年，這當中到底有什麼樣的變化？

對於十二歲孩子的家長們來說，不難發現他們的孩子和以往有所不同，即使只是和幾個月前比較，爸媽們也常是滿心期盼這樣的改變。父母們能表達出孩子們到底做了些什麼事，但卻不太清楚為什麼會發生這樣的行為，例如：

「她突然間開始穿起了超大件的毛衣／緊身衣／染頭髮／穿鼻環。」

「他一天到晚都待在房裡／都在照鏡子／玩手機／看雜誌／玩線上遊戲。」

「他再也不肯穿那件昂貴的外套了，可是幾個星期前他還非常喜歡穿。」

「孩子們」可能和家長一樣，不明白到底發生了什麼事。他們只知道自己變得更易怒和情緒化，更加焦慮與孤單，容易興奮

陳又嘉／提供

及害怕，一點也不像是「自己」了。在之後的章節中，我們會討論孩子在家中、在學校裡，或在以上兩者之外的世界中，對這個詭異狀況的反應，以及其所展現的模式。很重要的是，要先了解在生理方面基本上會有哪些狀況，之後再探討青少年會利用哪些方式調整發生在身上的這些變化。

青春期身體的變化

　　孩子可能會好奇：「我到底怎麼了？」他們無法掌控這個時期在生理上的變化。這些心理、生理構造或賀爾蒙的變化，稱之為「青春期」。不同的個體在青春期發生的時間、速度和方式都不相同。通常女生會比較早進入，男生較晚。有些九歲小女生就來初經，有些則要等到十五或十六歲。一般來說，最普遍開始進入青春期的時間約在十二到十四歲之間。無論是男生或女生，在性徵上越來越像大人，雖然情感上不見得是如此。女生們開始有月經，胸部與陰毛開始發育，體型和輪廓也快速變化，體重也常急速增加。大量流汗、有體

貼心小叮嚀

隨著青春期生理的變化，此階段的孩子的情緒也像歷經三溫暖一樣，從否認到困惑，接著擔心害怕，再來才慢慢了解，放心，鬆了一口氣，最後慶幸開心，自己終於長大了。

味，經常有莫名的疼痛和抽筋。男孩子們會擁有第一次射精經驗（通常一開始是夢遺）。一夕之間快速長大，體態豐滿、長出體毛、青春痘、聲音也不一樣了、大量流汗並有體味，陌生的生理狀況總讓他們變得笨拙且不靈活。

這些都是外在的徵兆，在適應這些情感與行為上特徵的變化過程便是「青春期」。對這些外在徵兆變化的反應，通常都不容易直接的表達，也引發許多不同的感受——從完全不承認，到感到困惑，然後擔心害怕，之後漸漸了解，到覺得放心，鬆了口氣，最後感到慶幸開心。只是這些感受都會混雜在一起：驕傲和厭惡，興奮和擔心，最重要的是自我意識的增長。

▌青少年少女的焦慮

爸爸們通常對這些反應的了解較少，而媽媽比較能夠知道女兒所擔心的事情。但即便如此，孩子在晚上睡覺前會對自己擔憂的事情提出疑問，例如：「乳頭一邊大一邊小是正常的嗎？」或「我的胸部一邊有硬塊，另一邊沒有，我會不會得了癌症？」這些疑惑僅是冰山的一角，僅是他們覺得疑惑、困擾、煩惱、比較和難以理解的一小部分而已。

這年紀對生命中所謂事實的理解，並不代表他們真的能夠了解正發生在身上的狀況。家長覺得老師或自己應該能清楚地向孩

子們解釋所有關於性別發展、性交和生育相關的所有細節。但這些對事實的解釋與孩子們實際生理上正在產生的變化和與性別的相關感受完全是兩碼事，且和世上最重要及最有趣的人物，也就是他們自己所關心的問題也全然不同。

「崔西說如果月經來了就不能去游泳了。」

「如果自慰的話，是不是表示你就不能生小孩？」

「蘇珊說如果月經來時是深咖啡色的，就表示以後不能生小孩了？」

很多媽媽對以上這些女孩的疑問應該不會陌生，即使男生較不會公開討論這些事情，無論在什麼情境下，青少年會開始把手足趕出浴室，把房門鎖上，希望吃些較健康的食物，開始追求流行，會問一些事先沒有預料到的問題：「麥片對我有好處嗎？」「吃洋芋片會不會長痘痘？」不想去游泳的理由不再是因為討厭消毒水的味道，而是自己長滿疹子的背部；或是「媽，其他人都沒有割包皮」，或「大家都有陰毛了，只有我沒有」。有時，這些問題並不常見，或

貼心小叮嚀

爸媽和老師所告知的性知識和青春期孩子所經歷的變化和感受，經常是兩碼子事，他們想的和擔心的事往往超乎大人的理解範圍之外，例如：「自慰的話，是不是就不能生小孩了？」

僅代表孩子在洗澡時心中所煩惱的問題，或突然很難過地說出：「我不像其他人一樣高。」就好像這是一個難解的數學習題。有些男孩會和父母討論為什麼勃起的陰莖在睡覺時似乎縮小了，但大多數男孩偏好從其他的資訊管道去了解，如從電影、書本、網路、同年紀的朋友，或甚至是和年紀較長的男生閒聊。

家長的處理方式

以上所引述的說法代表許多不同孩子們所意識到的擔憂，家長們可能只聽到其中的某部分，但必須在問題出現時，傾聽他們的想法，準備好如何處理。很重要的是，若孩子沒有主動談論所擔心的主題，爸媽就不能追問細節或太過好奇。尊重，但並非完全不感興趣，保持距離是必要的，特別是對男生，他們可能還是願意描述發生什麼事情，但是否準備好討論這類議題，端看場合是否合適。

對於青春期初期時所擁有的這些新疑問，許多青少年們不再覺得父母親是提供解答的合適對象，通常原因都帶點輕蔑：「他們會太尷尬。」「反正他們也不

> **貼心 小叮嚀**
>
> 若孩子沒有主動想談論所擔心的主題，爸媽就不能追問細節或太過好奇。尊重，但並非完全不感興趣，保持距離是必要的，特別是對男生們。

知道。」或展現出脆弱的一面：「他們可能會笑我。」實際上，讓父母與青少年個人生活漸行漸遠的原因是很複雜的，屬另外一種層次，隱藏於剛剛所討論的比較可以意識到的擔憂之外。這個時期的賀爾蒙與生理化學變化所帶來的生理成長與發展也會重新引發熱切的情緒與衝動，基本上是關於愛與恨，這兩種感受是孩子們在嬰兒與幼兒時期與家長之間的典型關係。常聽到十三歲孩子的家長失望透頂地喊著：「拜託不要再那麼幼稚了！」這比我們了解的更為精確。

　　青春期早期在心理層面上的變化會喚起一種困惑感，主要是對家長產生渴望與反感，這種感受對孩子和家長都是相當強烈的。這樣強烈的程度事實上是因為這些熱切的情緒到現在還是相當危險的，這也是讓青少年們特別難以掌控的主要原因。現在生理上的成熟程度，嚴格來說可以讓他們了解這樣的渴望，以及將反感的情緒以行動來展現。因與外面世界社交互動的需求，孩子們必須離開父母，離開他們最初熱愛與憎恨的對象，而最後能夠在家庭以外的親密關係當中找到取代的對象。

　　對於單親或父母已經離異的孩子而言，受到賀爾蒙主導的衝動和慾望可能會引來麻煩，與擁有雙親的家庭相比，分離所必經的過程有時會以較激烈的對抗方式呈現。若其中一位家長已擁經有了新的親密伴侶的話，孩子會因此明瞭大人之間的性關係，這會使狀況更為複雜。接下來的章節會更加詳細探討這一個面向。

柯曉東／攝影

第二章

身體的祕密

生理上的變化意味著性徵是所有關注的重點，

青春期的孩子此時有了全新的性別，

這樣的經驗令他們既害怕又興奮。

性好奇、性衝動和性焦慮會強烈影響青少年與他人的關係。

許多早期潛意識裡的恐懼與幻想會再次甦醒，

對男女生來說，開始在某種程度上認同另一個性別，

且常在激烈熱愛和憎恨之間兩極化擺盪，

是這個年紀的特色。

父母能夠做到的，就是讓孩子知道他們會在身邊，

幫助他們了解即將面臨哪些重大的煎熬，

提供支持且尊重他們到目前為止所能夠做到的一切。

大體而言，青春期在生理上的變化意味著性徵是無法避免的關注重點，集聚所有的關注力與重要性。雖然，某種意義上，出生就有性別，但十二到十四歲的孩子認為此時自己又有了全新的性別，這樣的經驗多數時候是令人害怕的，偶爾才是令人興奮的。性好奇、性衝動和性焦慮，前所未有地強烈影響與刺激青少年們與自己，以及與家長、朋友和同儕團體之間的關係。通常父母本身對性別的認知想法來自經驗，不論是過往或現今造就的複雜感受，在可以理解的心情下，會產生一種想要限制青少年的衝動，比方擔心性行為所導致的傳染和疾病，或擔心青少年懷孕等想法，都讓家長想要以一個幫助者的態度來對待青春期的孩子，只是越想這樣做，越是備感艱辛。

在這個年紀，男生和女生的性別經驗上有些雷同之處，但也有相當重要的不同差異。舉例而言，兩者都掙扎於確認自己男性化與女性化的一面。這樣的掙扎肯定在之前年紀小時就已經出現過了，但隨著青春期的來臨，這個議題更需要處理，因為考量實際的性伴侶，以及建立對本身性別的確切感都關係到建立性別認同的需要。男生和女生都需要放下與父母之間，那份曾經是一切的中心又很特別的關係。但從一個較為原始的層級來看，孩子們需要再一次處理早期與母親的關係。再次喚起完整幸福與粗暴叛逆的感覺——有時是針對媽媽本身和她與丈夫或伴侶之間的關係，有時則是針對孩子下意識幻想中其他類似家長的代表人物。

許多早期潛意識裡的恐懼與幻想在這個時期會再次甦醒，

而且是以作夢的方式呈現，而非出現在有意識的思想當中，探討此類主題的電影通常會讓這個階段的孩子特別著迷。此外，也會出現突然和無法預期或不尋常的行為——通常被稱之為「行動化」——之後青少年們會因這些行為而感到困惑與難過，就像他們關心的其他問題一般。

男孩子主要的擔憂通常是被困在一個糟糕的位置上，被限制住、牽絆住，失去自己的陰莖或甚至失去心智。女孩子則擔心被某種可怕的事物侵略或佔據，造成嚴重的破壞，尤其是導致無法生育。對男女生來說，會某種程度去認同另一個性別，而這樣的幻想和擔憂是男女共有的，且相當普遍，常在激烈熱愛和憎恨之間做兩極化的擺盪，是這個年紀特有的象徵。此時，主要的矛盾之一便是要如何在這兩種相當不同的衝動與感受之間取得平衡，取得一個較為整合的自我意識。

撫摸自己的身體

對很多十二到十四歲的孩子來說，釋放這些壓力的一個管道是透過自慰——撫摸自己的身體，尤其是陰莖，而得到性歡愉的感受。然而，就像作白日夢和當時幻想的內容一樣，所引起的罪惡感跟自慰行為的本身關係不大。在這個年紀對性的想法通常是較具侵略性、可怕和邪惡的一面，青少年們對此並不熟悉，因此

覺得困擾。一項心理實驗正在進行，是由這階段所產生的賀爾蒙變化所主導著，而這可能成為說不出口的衝突之一，這樣的經驗既令人擔心，又讓人心滿意足。

自慰通常也讓家長很困擾——或許他們已經忘記，或不希望想起自己當初在這個年紀時的感受，當時自慰是被禁止的，而禁止自慰的時期已經過去了，大致來說，自慰被視為青春期初期一個正常的現象。然而，家長們就是忍不住擔心，孩子會不會把自慰當作與他人真實肉體接觸的一種取代方案——代替因受到吸引和喜愛對方，以及因慾望與渴求對方而想要擁有的肢體接觸。當青少年們放縱於頻繁的自慰行為，而現實生活中卻沒有與他人建立任何關係時，的確需要鼓勵他們勇於冒險嘗試，多認識其他真實的人物，而非想像中的角色。只有家長才會知道，仰賴「直覺」，知道在什麼時候需要擔心，例如當孩子開始沉溺於網路，而非以各種有意義、情感的方式與真實人物有所「連結」時。相同地，只有父母才會知道孩子會對哪一本書或雜誌、哪部電影或影片或網站感到興趣且能從容應付，或他們對這些素材感興趣的程度會不會讓他們衝動，最後發展到難以處理的

貼心小叮嚀

> 自慰被視為青春期初期一個正常的現象。然而，當青少年們放縱於頻繁的自慰行為，而在現實生活中卻沒有與他人建立起任何關係時，則需要鼓勵他們多認識其他真實的人物，而非想像中的角色。

地步，例如對性慾的興奮感可能會變成各式各樣不熟悉的衝動或焦慮：像是對遺棄、衝突、拒絕、罪惡感、孤立無援、魯莽輕率，甚至是殘酷的害怕感受。追求這些感官的刺激可能是一種徵兆，表示孩子無法處理令人痛苦的情感面向，需要他人了解、支援這樣的情況，而非一味地逃避。

　　很不幸地，家長通常不太清楚青少年所面對的情況，無論是由孩子的主動行為所造成，或由朋友及其他年紀較長的青少年所導致。家長可能從每天早上開始，就擔心孩子到底從網路上下載了哪些內容，或在「聊天室」裡進行什麼事情。這年齡層孩子的父母們會很敏銳地感受到最新科技所帶來的危險與優點。

　　儘管擔憂和疑惑，家長們還是需要了解青少年時期的孩子感興趣的事情，那些對自己而言或許是簡單明確或邪惡的，即使是與性別相關的面向有時也會有好處，家長需要的是深入了解，而非一味譴責。青少年就像所有人一樣，有邪惡的想法和興趣，也有某種程度想要偷窺的好奇心。當發現他人也像自己一樣，滿腦子都是這樣的想法並表現出來時，會讓他們大大地鬆了一口氣。若在實際生活發生前，能夠有機會「預演」某些幻想，如電影裡看到或青少年雜誌上讀到的做愛情節，會給予青少年們某種安全感。很多年輕人，尤其是女生，回想自己這個年紀，對性資訊無法遏止的渴求，大多是想要得到有關性方面的資訊，而非對這件事本身有興趣。少女雜誌裡光明正大的曖昧挑逗文字大多屬於少女情懷的一部分和輔助說明，並非與實際的行為有關，雖然難免

會有些女生被視為是「好色的」。但就像一個十五歲女生說的：
「我們只是想多認識一些人，頂多就只是接吻而已，真的！」

家長這一方過於保護或否認，就某種程度來說，會讓實際上
的發展更加困難，孩子無法在任何幻想中針對這些興奮、令人恐
懼和常是矛盾的感受進行測試。青少年們在幻想中可以完全免責
地體驗這些過於刺激和興奮的感受——尤其是有關暴力和墮落的
部分——這些都可能引起相當程度的罪惡感與情色興奮感。很少
有青少年可以和父母討論這些事情，爸爸有時可利用帶點顏色的
笑話試著和兒子分享，但通常都會覺得有點不恰當或尷尬，媽媽
或許可以較深入和孩子討論這部分的感受。可以假設這件事情會
是：雖然讓青少年心神不寧、情緒起伏、沒有徵兆的亂發脾氣，
有時興致高昂或退縮，難與父母啟齒及分享。對父母而言，要不
過度追問細節，又不東禁西禁，同時注意到孩子這部分，真是一
個很困難的任務，畢竟要有空傾聽孩子，又不帶批判地去注意孩
子的狀況是兩難哪。

嚴格來說，了解生活的實際面一點也不會減少青少年們對性
的強烈好奇，尤其它在成人世界中所扮演的角色。男女生對成人
性行為同樣感興趣，且對這件事情的探索與想像的對象通常是其
他人，如學校老師的個人生活，或哥哥姊姊的羅曼史。孩子們一
般不會想知道爸媽之間還有性行為。

十三歲的蘿拉與一群同年紀的朋友們談到她相信爸媽生了自
己之後就再也沒有「做過」了，有些人也附和著：「我爸媽也沒

有。」其中一個人問：「但怎麼會有你妹妹呢？」蘿拉回答說：
「嗯……可能有做過一次吧！」幾個星期之後，當爸媽告訴蘿拉
他們決定要再生一個小孩的時候，她十分震驚。除了可以理解對
新生兒的妒忌之外，蘿拉對於面對成人性行為這件活生生的事實
覺得非常不自在，這件事的主角不是別人，而是自己的爸媽，這
是相當令人難堪的。

　　當孩子的重心逐漸從父母身上轉移到其他事物上時，很容
易低估過程中所產生的失落。某種程度上，孩子的自尊是建立在
從小對父母親的重視，以及父母親給予自己的重視而來。在這個
年紀，這一方面普遍大幅地減少，因而在自我價值上也明顯降
低——很多青少年形容這是空虛的原因之一。儘管是因自己的任
性而招徠批評和評價，但孩子仍暗地裡渴望獲得崇拜和敬重。
十三歲的梅根清楚地顯現這一矛盾之處：她看著自己身上的刺青
和肚臍環，憂慮地說自己多麼希望可以做出一點成績，讓媽媽能
夠「肯定」自己。

　　雖然在這個轉變過程當中，有些限制已經解禁，但仍有些方
面還是受制他人，因而導致青少年將全副心思放在自己身上。無
論是貶低或強化，青少年眼中的「自己」，是他們最感興趣的對
象。一個男生班的老師這樣形容「十二歲的小男生」那種「神氣
活現」的樣子：成長速度很快，講髒話就像平常說話那樣自然。

黃逸濱／攝影

▍難以啟齒的性幻想

　　這個時期，也是著重兩性差異的時期。第一，女孩們最後的性伴侶極可能是與媽媽相反的性別，男生則是尋找與媽媽同性別的對象。第二，因身體構造與生理經驗，同年齡的男生比女生更清楚自己對性慾的渴望、感受，以及所呈現的方式。第三，文化因素對男女生也有很大的影響，比方身為女生應該怎麼樣，以及對女性化的期待；男生也一樣。

　　對女生來說，母親的約束減少了，對同儕友誼的需求卻大量增加了。她們通常會將年紀較大的女生或年輕女性視為偶像和女性典範，並取代之前的崇拜對象。另外，她們也會受大姊頭或引人注目的女生所吸引，且相當重視這類女孩們所抱持的觀點和從事的活動。

　　我們必須謹記在心，母親不僅提供愛，也會讓孩子感到生氣和挫折。整體而言，如果與母親的關係一直都不錯的話，女生較容易有感觸，尤其是在初經來潮時，會放下對母親的依賴，用一種更成熟、更女性化的方式展現自己和母親一樣。然而，很多媽媽沒有想到這年紀的女兒是如此否定自己，因此相當難過。若之前的母女關係並不是很和諧的話，這種敵意和充滿敵意的拒絕可能會伴隨某種殘忍的行為一起發生，因為青春期的女兒必須尋找新的依附，且抗拒對母親的依附。換句話說，她想緊抓住那些自己仍然需要，或某種程度而言自己未曾獲得滿足的需求，同時又

發現自己過於依附，因此覺得憤怒和憎恨，於是利用突然且想像不到的殘忍方式讓自己脫離依附。許多母親遭受女兒言語，甚至肢體上的虐待後，才很驚訝地發現從小疼愛的女兒居然就毫無預警地變成惡魔。

　　相較於男生與同儕團體，與母親之間關係的複雜變化讓女孩變得敏感緊張，這種矛盾和情緒化常與其他女生們糾結在一起。這種糾纏的情況可以在困難的現實生活中發現，這年紀的女孩如何惡劣地對待其他的女生們，又如何排除他人而形成小圈圈，佔據她們心思的是如同連續劇般每天上演的變節與背叛的情節，欺負他人與被霸凌的經驗是如此微妙且難以捉摸，這樣的情況是相當普遍的。對朋友有著許多的要求：同質性、韌性、忠誠度，且通常是排他的；不為人知的夥伴關係，或許還有著與性相關的內容，為其添加一些刺激與情慾的色彩；分享彼此的幻想，通常是有關男孩，或大人之間的性關係。這一切都讓她們感到安慰，且有助於感受自己是「正常的」。女孩們在彼此之間尋找不同的特質，以確認自己是什麼樣的人，或試著表示自己希望成為什麼樣的人。與其他女生的關係，如老師們，或幻想自己和超級名模或歌手之類的人物有所關

貼心小叮嚀

　　這年紀的女孩會否定自己的母親，男孩則開始與媽媽保持距離，甚至避免肢體上的碰觸，這是他們獨立前的徵兆，正在調整與家人的關係。父母親務必要多一些包容和體諒。

聯，這些都含有某些與母親之間原始連結的元素，不過都保持在
一個安全的距離外。

　　我們會在第四章探討青春期初期團體型態的本質與意義，
這裡需要先建立一個關聯性：一是女兒與母親之間獨特的愛恨關
係，二是由於此時全心全意想著如何才能和媽媽有所不同，也讓
女孩對性產生莫大的興趣。因此大致而言，青春期女生的內在世
界其實是由其他女性所主導的，是一個充滿情慾的時刻：男孩子
相當令人興奮、著迷，但也是不屑一顧的，偶爾可以跟他們「約
會」或「親吻擁抱」，但大部分時間都是跟其他女生一起討論、
胡思亂想或幻想男生。總有不間斷的耳語討論誰和誰「做了」，
以及「那個」的時候是什麼感覺，以及「實際上」性到底是什麼
東西。十八歲的克萊兒很清楚地描述自己十四歲時的心情：

　　我覺得很悲慘，要嘛就是所有事情都令我很生氣，要嘛就
是討厭自己。寫日記是有點幫助，不過最後讓情況改變的是我認
識了艾蜜莉。我們做什麼事情都在一起，告訴對方自己所有的祕
密、幻想、擔心害怕及不會告訴其他人的事情。我們無論去哪兒
都在一起，睡同一張床，我相信那時候自己是真的愛上她了，但
不是男女生之間的那種愛情，她讓我的世界變得截然不同，有時
我甚至覺得自己可以像她一樣漂亮，只是當時沒人看到，除了我
們兩個以外。我們還有一群朋友，這也很重要，但親近的友情只
存在於最好的朋友之間──我和艾蜜莉之間。

　　就像克萊兒所說的，這個經驗主要不是跟情慾有關，但這段關係當中難免存在與性相關的因素。通常會帶些熱切的渴望，例如，想要比較乳房發育的大小而觸摸對方的胸部。女生常會想著其他女生第一次和女生「掉入愛河」的感受是什麼，著迷於女同性戀的關係是什麼樣子，以及，偶爾「假裝」自己是女同性戀──在某些同儕團體當中這是相當「酷」的。

　　性這件事情對男孩子們來說較不神祕，因為已經有勃起的經驗，他們一點也不會好奇性慾的感受是什麼，或由身體哪個部分來感受這份經驗。男生同儕團體之間的關係也很緊密，跟女生一樣，就某種意義而言，他們的團體通常也是由相似的個體所組成。同樣地，團體提供安心感，鶴立雞群和與他人不同會讓人覺得很可怕。

　　男孩的焦慮和女生不一樣，對某些人來說，權力和表現可能非常重要；但對其他人而言，到目前看起來較為優越的女生世界中去冒險或晉身其中，似乎是遙不可及，也害怕被女生的同伴們去勢，因此會退縮回到男生數量較多的團體裡。

　　在另一方面，因放手而失去兒童時期與母親之間的連結，同時也失去認同感，當男孩們身處在都是男孩子的環境中時，對認同感的失去會稍微減少一些。然而，對他們來說，在失去母親的同時，也需放棄自己個性中較為女性化的一面，因為他們覺得若想要充滿自信地和其他年紀較大的男孩子們相處的話，就必須放棄這一面的自己。這樣的想法通常會導致過於誇張可笑的男性行

為出現，尤其在團體中特別明顯，通常是相當粗俗的想法——就像一個男生班老師所描述的，男生那種「愛現」的樣子配上變聲期怪怪的音調，以及像一個十二歲男孩說的，改變在「你的褲頭要拉多低」上面。

男男戀或女女愛

以上所描述誇張的男性特有行為，或許是對成為同性戀者焦慮的表現，是這年紀及男性團體中典型的特徵。在多數男女生們試著釐清自己的渴望和慾望時，會產生與同性相戀的感覺，甚至有少數人真的嘗試同性戀情。

建立性取向是形成自我意識的一個基本要素，這樣的試驗是很重要的。雖然在主流文化的價值觀中，這樣的行為可能導致害怕、有罪惡感、苦惱或某種虛張聲勢，然而我們應該將這樣的試驗視為正常發展的過程之一。是否對同性戀感到困擾，或困擾的程度如何，與家庭態度和文化都有很大的關係。這個時期的青少年本來就會擔憂自己會受到哪一種性別的吸引，因此不能低估這項焦慮的影響。

關於這樣的現象，十四歲約翰的故事是一個相當明顯、極端的例子。約翰和爸爸的感情一直都很好，直到十二歲父母離異，之後，身為長子的約翰開始支持媽媽，幫忙看顧四個弟妹。約翰

過了十四歲生日後不久，學校老師開始擔心他缺席次數太多，並
從他母親口中得知他最近對媽媽的態度變得異常粗魯無禮、不配
合，以及脾氣暴躁，而且滿腦子擔心自己會不會成為同性戀者。
但在實際生活當中，約翰經常擔心是否關好家中各項開關及設
施，尤其是水龍頭以及門窗。

　　和學校諮商老師會談幾次之後，約翰慢慢了解到自己會不會
成為同性戀這件事雖然討厭，但相較於對母親生理上的渴望，成
為同性戀這個想法還比較不那麼可怕。約翰第一次感受到這樣的
慾望是在父親離開後不久，看見餐廳服務生輕浮地碰觸媽媽的臀
部，讓他因為嫉妒而生氣。約翰對母親的憤怒讓自己痛苦地想要
遠離媽媽，克制對她表達出熱烈的情感，並用言語的抨擊好讓自
己在心裡不這麼渴望母親。約翰想要關上家中各種設備的行為或
許代表自己對無法掌控自我情緒的恐懼，更明確地說，是擔心自
己無法控制射精行為。

　　在了解部分原因及完成諮商治療之後，約翰便能夠將這樣的
感覺轉移到更為適當的對象上——吸引他的同齡女孩。其他的擔
憂就比較能夠處理了。

　　在這個案例當中，約翰的父母已經離異，因此父親不會在這
過程當中維護自己的婚姻權利，進而制止兒子不倫的想法。對約
翰來說，爸爸並沒有提供他任何情緒上的支持。因父親遺棄這個
家庭而對他產生的憤怒與幻滅，讓約翰認定父親是個失敗者，且
引以為恥。因為生氣、擔心與恨意，約翰將所有的過錯都歸咎在

父親身上，就某種程度上來說，這樣的責怪是可以理解的。但親子之間的困難本來就是個常見的問題，加上約翰父母在婚姻上所遭遇到的困難，讓約翰在處理這樣的問題時更加艱難。就像其他人一樣，約翰小時候本來就

> 青春期的孩子會擔憂自己是不是同性戀者？是這時期「正常」的發展之一，父母不要大驚小怪但也不要過度漠視，用自然開放的態度去聆聽孩子的憂慮，適時地給予支持與協助。

貼心小叮嚀

不容易認同父親的優越地位，不僅是因為爸爸霸佔了媽媽身邊的位置，而這個位子是自己所渴望的地位，也嫉妒他和母親可以成為伴侶。現在出現再度擁有媽媽的機會，引發自己早期的罪惡感與焦慮，而這樣的感受讓他覺得很困惑和無法承受。

傑克很清楚地記得自己因與同年紀的同性戀者做朋友而受到歧視的感受，以及當時母親給予的支持與理解。他形容自己在十四歲時，不單在學校足球隊和周日足球聯賽時「跟哥兒們鬼混」，在「交友」方面也遭遇到社交上的困難。就如同他所說的，這跟親密關係一點也沒有關係。

十四歲的時候，我開始跟女生們「做朋友」，不只是「出去約會」而已。我也和一個比較娘的男生往來，其他人都認為他是同性戀。但事實上，他比其他人要來得有趣多了。小伙子們在這個年紀對於不同的差異是很殘忍的，他們因為我是同性戀的朋友

而不再跟我說話，我非常難過，當時想如果我不跟這個人做朋友的話或許會比較好過一點。很幸運的，我媽媽很棒，她說：「你應該要繼續跟他做朋友，不要管其他人怎麼講你。」媽媽當時對我的影響很大，我覺得她總是可以從旁觀察，且從來都不會忽略任何的小細節。

雖然是透過不同的方式，但約翰和傑克的痛苦經驗都讓他們對自己對這個世界有了更多的了解。從表面上看，這個時候極需他人的注意，擔心害怕自己會被排擠在外，或被當作「書呆子」或「無趣的人」，此時藉由嘗試成為一個同性戀者似乎可以變得特別，或是和其他人不一樣。琳達描述以前在念女校的時候，要成為女同性戀者是一件很大膽的事情，但對於十三或十四歲的孩子而言，否認這樣的性別認同比較是在營造自我的形象，與其日後建立的自我認同較為無關。相同地，儘管在這個年齡層的男孩子當中，普遍地排斥同性戀，但有些孩子仍然會去嘗試——同樣地，也是想因某種的誇張或特殊，得到名聲。

對同性戀較為深層的隱憂仍然是相當私密的，大多數家長對其所造成的困難了解的並不多。有些跡象可能顯示孩子的擔憂，

貼心小叮嚀

家長對孩子有一項基本的責任，就是讓孩子能夠誠實地感覺自己想要成為什麼樣的人，即使成為和爸媽完全不同的人也沒關係。

例如用同性戀相關的詞句當作欺負他人的方式，表示對性別取向的焦慮，在認為「誰是同性戀都可以，只要我不是就好」的情況下，這樣的擔心會迅速、殘忍且具防禦性地影響其他的面向。然而，這樣的防禦心可能跟青少年心中懷抱的想法有關，他們覺得如果父母親知道，或懷疑自己是同性戀時，他們會不會嚇到／生氣／絕望／抗拒等等。常常因為這種誤認的想法而大大增加孩子的焦慮感和孤單感，導致許多不必要的痛苦與隱瞞。家長們的確需要讓孩子能夠誠實感覺自己想要成為什麼樣的人，即使是成為和爸媽完全不同的樣子。

是真愛還是性愛？

因為青春期生理上的改變所引起的感受是很強大且完全陌生的，因此令人感到詭異和焦慮。性方面的關心也是令人擔憂的，因為這些都屬於潛意識且存在於非常早期的經驗，無法利用一般的方式來思量。這種隱憂可能也可以解釋部分對某些仍無法確認或無以名狀之事物的罪惡感和羞愧感，這在這個年紀是很常見的。十二到十四歲的孩子並不知道自己到底為了什麼感到如此羞愧或罪惡。也沒有具體的答案，因為這個答案可能隱藏在未知的慾望與憤怒當中。

年幼的孩子們覺得無論是哪裡出了差錯都是自己造成的，以

及光是想某件事情，就如同實際上去執行一樣，因為這樣所引發的焦慮常常會因青春期初期的性衝動與攻擊衝動被再度喚起且增強。回想起這段日子，十九歲的瓊安娜有完美的描述：

　　那一切都是很可怕的，我覺得「我要發瘋了」和「這都是我的錯」。但又覺得「不，這都是我爸的錯」，「無論是哪一種都很可怕」。不管什麼時候，我覺得大家都不了解我——對所發生的事情，不是很生氣就是恨我自己，或是覺得很害怕。我一輩子都會這樣子嗎？我不願意承認自己的身體有了變化，同時又覺得有些人很性感，這樣是不是有什麼不對勁，我感到非常痛苦。

　　瓊安娜的爸媽是很關心和憐愛女兒的家長，自認為很開明和體諒。但他們也面對許多父母會經歷的過程：覺得自己可以提供的典範似乎再也不能幫助孩子了。

　　在這個年紀會有各式各樣的結群和激烈行為，青少年尋找的是父母親所代表的典型性別角色之外的另一種身分認同。女孩費盡心思想要找到一個不只散發母性光輝或性感的正向身分認同。

貼心小叮嚀

　　年幼的孩子們會覺得無論是哪裡出了差錯都是自己造成的，以及光是想某件事情，就如同實際上去執行一樣，因為這樣所引發的焦慮常常會因青春期初期的性衝動與攻擊衝動被再度喚起且增強。

對男孩子們來說，一般的男性類型不僅是讓人信服或好色的，相反地，也要包含柔軟和關懷的感受。在十二到十四歲之間，特別是有關性這方面，無論是男生或女生，內在與外在都承受著莫大的壓力。很多人形容這樣巨大的緊張壓力是「從來不覺得可以做自己」；「同時間朝不同的方向推擠拉扯著」；「必須把自己偽裝起來」；「好像活在一個虛幻的世界裡，沒有人能夠了解自己，甚至自己都不了解自己，而且大多數的時間都覺得孤單絕望」。

對父母而言，明明認知到孩子承受這樣的壓力且無法脫身，通常是很難以忍受的。我們能夠做到最好的程度，是讓孩子知道我們會在他們身邊，幫助他們了解即將會面臨哪些重大的煎熬，提供支持並尊重他們到目前為止所能夠做到的一切。

（上、下）陳又嘉／提供

第三章

學校生活的艱難

十二到十四歲青少年正處於過渡期，

生活由已知和熟悉的方式轉變成一個全新且陌生的模式。

家長發現自己越來越少參與孩子的學校生活，

似乎完全被排除在外，

再也不清楚孩子在學校裡過得如何，

或是孩子每天生活當中發生了哪些事情。

父母可能知道十二歲孩子承受著某些壓力，

但卻不知道緣由，也不知道要如何幫助他們。

這種凡事無法預料的無力感，對家長來說是「無法忍受的」，

因而會表現出不尋常的干預舉措，

若能多一些自覺，對親子關係，何妨不是正向考驗。

小學和中學的分水嶺

多數十二到十四歲的孩子比較喜歡和朋友在一起。這幾年他們正處在過渡時期，由已知和熟悉的生活方式轉變成全新且陌生的模式：從小學到中學，又從中學的低年級到高年級。整體來說，家長會發現自己越來越少參與孩子的學校生活，之前還會到學校接小孩、送他們進學校，還有和老師稍微聊聊。現在，爸媽覺得被排除在孩子的學校生活之外，再也不清楚孩子在學校過得如何，或是孩子每天生活中發生哪些事情。

家長現在只知道老師的名字，而不認得他們的臉孔，這種結果無論來自明文規定或約定俗成，都讓人非常困惑；爸媽不再了解孩子可能有的焦慮，以及所造成的原因。父母可能知道十二歲的孩子承受某些壓力，卻不知道原因，也不知要如何幫助孩子。更重要的是，爸媽再也不是處於可提供孩子重要協助的位置上。這個小學和中學分水嶺前後的差異遠比我們所預期的要大很多。凡事無法預料的無力感，對家長來說相當具有

貼心小叮嚀

在這個階段，孩子不喜歡父母參與自己的生活，像是學校活動或生活、交友狀況、穿著打扮、休閒娛樂等，通通拒絕父母的參與。此時父母和孩子都處在一個艱辛的時期，父母如何拿捏干預與忽略之間的界線，孩子如何坦率接受父母的提醒與協助，都是一項考驗。

挑戰性，尤其對母親而言，媽媽常會覺得這種被排除在外的感覺是非常「無法忍受的」，因而可能表現出不尋常的干預。有媽媽是這樣描述被排除在外的痛苦感受：

　　我以前從來不認為自己會做出這樣惡劣的事情，但我真的開始偷看凱蒂的日記，而且被其中的訊息給嚇壞了。我不知道她在想什麼，當她發現我偷看她日記時，我們倆大吵一架，她對我大吼說恨我，再也不相信我了。

　　這個母親在日記裡發現女兒承受極大的壓力，且非常困惑，凱蒂與一個大她很多歲的男孩發生關係，但她覺得對方只是在「利用」她，因此常會在手臂或大腿上自殘，想藉此擺脫無法忍受、說不出口、不能向別人傾訴的壓力。

　　幸好，凱蒂的媽媽是支持女兒的，而不是想要懲罰她，最後兩人甚至協議將日記放在看得到的地方。起初，凱蒂肯定是需要幫助的，事實上，她需要的正是那個自己忙於抗拒的媽媽，她早已切斷這個以往可以獲得支持和安慰的來源。干預和忽略之間界線的拿捏，是許多家長最感痛苦的事情之一。睜一隻眼閉一隻眼可能會讓青少年越矩，做出無法掌控的事，雖然當時他們可能覺得應付得來。很少有親子能夠對父母該何時介入的界限達到共識，但不管孩子們如何抗拒、挑釁和欺騙，假若家長能夠保持合理堅定的態度，就能讓孩子們安心。

孩子通常會相當期待換新學校，多數孩子在原來學校升到最高年級時，會覺得已經受夠了，但進入中學的「大學校」所受到的衝擊，以及因此變動而導致意料之外的生活變化，大多數需要很長的適應時間，甚至可能花上一整個學期。就像一個十二歲孩子說的：「太可怕了！你必須要把所有的東西都藏起來，還要改變說話的方式、行為，甚至是走路的樣子。」很多孩子一開始會發現學校實際的校區範圍多麼令人震驚，在這麼龐大的機構裡，身為年紀最小的成員又是多麼恐怖。對家長來說，要去體會如此轉變所帶來的衝擊並非易事，而這的確是人生中一個重要階段，需具備生存技巧、內在力量，和心理韌性強度，這些在此時都會受到前所未有的挑戰。如本書開頭所述，十二歲孩子們希望「受到一天二十四小時的照顧」，現在則需要考量他們到底在學校裡受到多少照顧。有些人覺得這不太容易判斷，例如，他們都是自己上學和回家；每個科目都由不同老師授課；負責各種溝通和訊息傳遞；以及要自行完成作業安排進度。即使是一個看起來很微小的改變，都會造成意料之外的巨大壓力。

實際年齡所代表的意義

這個階段，精準計算年紀代表很重要的意義。對男生而言，這時的體能是最重要的，因此，生日七月還是在九月就會有很大

的不同。這個抽象的「年紀」，表示自己是屬於班上年紀較大的，還是年紀較小的那一群，深深影響孩子們，尤其是性方面的自信。受歡迎的程度、擅長運動和有打架能力，這三者幾乎緊密連結在一起。十七歲的傑米，生日在七月，他生動描述在中學的第一學期裡有哪些事情讓自己覺得位居劣勢。

你必須要長得夠高大和夠強壯才能生存。聰不聰明一點也不重要，只要夠高就好。反正大多數女生都喜歡年紀大的男孩，如果你像我一樣，長得矮小的話，就只能祈禱自己在學校裡不會被太多人欺負，而且最好想辦法盡量留在家裡。

傑米的媽媽發現兒子一直待在房裡看體育節目和玩電腦遊戲，這才驚覺傑米可能在學校受到欺負。雖然他有時會和朋友在一起，不過大多數時間都是自己一人，和女兒之前在同年紀時的表現有點不同。詢問過其他男同學的家長，才發現傑米的同儕中，躲在家裡看電視打電腦很普遍，尤其是那些年紀較小，或體能發展上較慢的男孩子們。因為傑米

貼心小叮嚀

年紀大小代表能力強弱的不同，同一個班級中，年頭生的孩子和年尾生的孩子，不論是在生理、心理及技能上的發展，都有著或大或小的差距，不能等同視之。父母和老師在評價孩子的表現時，必須特別注意這一點。

比較矮小瘦弱，因此讓他飽受欺負，他甚至覺得所受的屈辱會跟著自己一輩子。他接下來的描述反映大多數男孩的經歷：

> 除非他們覺得自己是街上最大的幫派成員，大家都崇拜自己，否則男生的日子是不會太好過的。他們心理承受很多壓力，學校是一個小型社會，要假裝強壯和壓抑情緒。這跟你的生日是哪一天絕對有關係。

真實年紀的重要程度對女生來說，則有不一樣的意義。年紀越大的越有可能認識年紀更大的女孩，也可能與其他高年級的學長建立關係。發育良好的十三歲女生可能是班上年紀較大的學生，看起來更成熟和更有自信，她會吸引和自己一樣的女孩們，她們會藐視與自己同年紀又欠缺安全感的男生們。這些女孩們認為自己知道的比較多，比較能夠了解和解讀情緒狀況，也選擇將這樣的經驗只跟同一掛的女生們分享。在性方面的自信心和性行為多半跟社交地位有關，而非真的來自於性或愛相關的感受。弱肉強食關係中的位階比情感上的真實度和成熟性似乎重要許多。

貼心小叮嚀

> 女生在性方面的自信心和性行為多半跟社交地位有關，而非真的來自於性或愛相關的感受。

▌交友上的困難

　　交友時遇到的社交壓力，或是否被其他人接納，以及因受人歡迎而帶來苦樂等，所有這些都有重要、深切的影響。以前從不去注意或關心的種族、班級和性別等相關差異，對十二歲孩子來說，上述種種突然間開始作用，將學校的成員分成不同派別、階級和黨派。比方，在一般學校裡，不同種族團體的特別風格越來越明顯，表現在穿著、詞彙、興趣和態度上等。因家庭收入多寡造成的不同也越來越明顯──有辦法的人可「參加俱樂部」，而窮困者只能在公園或街頭閒晃，或就只能留在家裡。因為這樣的差距，導致經常有霸凌、小型犯罪、搶劫和偷竊行為，而且是由某些團體或「幫派」所策畫的。

　　總之，十二歲孩子感覺自己被拋入深淵，他們必須藉由其他兒童的回應，探索自己到底是什麼樣的人。少數孩子在剛進入小學那幾年沒有遭遇過任何霸凌，直到進入中學，部分原因是大家覺得壓力很大，孩子們對不確

> **貼心小叮嚀**
>
> 朋友，對十二到十四歲的孩子來說相當重要，但卻不是那麼容易結交。這時期喜歡搞小圈圈，非我族類就不能成為朋友；太受歡迎也會招忌，甚至引來霸凌；特立獨行又被歸納為不合群，尤其在女生團體特別明顯。如果家長能夠協助孩子找到一個麻吉的朋友，就太好了。

定感與彼此差異的感受較為敏感。與較具安全感的十九歲相比，
珍妮這樣形容當時的日子：

> 我真的很討厭那些日子，明明一點安全感都沒有，還要表現
> 一副很有自信的樣子，這真是壓力超大的事情。任何時候，每個
> 人都在觀察彼此。幾乎每一分鐘，我都在思索自己看起來是什麼
> 樣子。總覺得自己像個局外人——對某個團體來說，我算不上中
> 產階級，但對另一個團體而言，我又不算勞工階層，我的性別是
> 錯的，我的種族是錯的，我的膚色是錯的。所有事情都很糟糕，
> 最可怕的是，我發現女生是如何殘酷對待其他女孩子——非常惡
> 劣，且以一種很微妙、暗地裡的方式，我覺得很悲慘，而且沒有
> 一個人可以讓我訴苦。

家長和學校之間的關係

家長對學校的態度

然而並非所有的孩子都難以適應中學生活，仍有某些學生如
魚得水。但通常在第一年，孩子會承受某些壓力和困難，家長大
致上知道孩子的感受，卻不清楚事情發生的細節。有時候，爸媽
會間接發現異狀，例如當孩子莫名奇妙肚子痛或頭痛，不想去上
學，或發現孩子曾經「翹課」時。對父母來說，要了解這些「病

痛」和「缺席」背後所代表的意義是不太容易的，況且還要面對自己也許不能像以往那樣幫助孩子的矛盾感受。現在所遭遇的大多數困境，需要孩子們自己處理。雖然一方面要面對這時期的困難，再加上沒有家長的協助是很辛苦的，但對青少年來說，他們會在過程中發展出新

> **貼心小叮嚀**
>
> 父母知道孩子不再喜歡自己關心他們在學校的生活，但事實上家長對學校生活和老師的態度，對孩子來說，是非常重要的，即使他們表面上裝作不在乎的樣子。比如，孩子會希望父母記得教過他的老師名字、學校裡有哪些問題和困難等。孩子要的是「他們想要的」關心，而不是「過度」的關心和干涉。

的力量、韌性及獨立性，這也是重要的成長方式，在這世上找到立身之地，了解自己到底是個什麼樣的人。

父母知道孩子不再喜歡自己關心他們在學校發生的一切，但家長對於學校生活和老師的態度，仍然非常重要。十四歲孩子們表面上可能不在意，但他們通常希望爸媽可以記住教了自己兩年的英文老師叫什麼名字，或大概知道現在最新俚語的意思，知道學校裡有哪些問題和困難——廁所沒有衛生紙、大部分時間學校都在缺水等等。最重要的是，孩子們希望爸媽關心自己的成就，而不是哪裡做的不好。十三歲山姆的爸爸並不和家人住在一起，山姆非常在意父親對自己的評價，總是對是否能獲得爸爸的讚美感到非常焦慮。懷抱著希望父親會很開心的期待，山姆給爸爸看

自己優異的成績單，「不錯呀，不過為什麼你的法文只拿到C的分數？」此後，山姆再也不把成績單拿給父親看了。

儘管學校有許多的缺點，但若能感受到爸媽基本上是贊同學校，且和老師們站在同一陣線，這樣的態度對孩子是有幫助的。家長需要在不能完全仰賴學校教育來教養孩子，和不在背地裡破壞學校的權威性這兩件事情上維持辛苦的平衡，尤其是聽到孩子們加油添醋誇大描述老師們的行為和態度時，更是難上加難。若是選擇只贊同某一邊的看法，通常不是恰當的應對方式。例如若不質疑學校當局的政策規定，可能會加深孩子認定家長態度偏頗，讓孩子受委屈而無處可傾訴。的確，這有可能造成孩子對自己朋友或甚至對年紀較小的孩子，也採用同樣偏頗的態度。從另一個角度來看，依表面的利害關係來接受孩子看法也未必有幫助。在這個年紀，所有事情都有可能被誇大，或採用極端的態度，不是非常好，就是非常差。所以凡事都要相當謹慎。

對這年紀的孩子而言，有人認真看待自己的觀點，例如老師不公平，是非常重要，不僅是以「人生就是如此」來輕描淡寫地帶過，或將對老師的不平視為要不得的行為。許多十二到十四歲孩子有著強烈到令人欽佩的正義感，即使是粗糙、浮面的。其實鼓勵以寬容態度看待事物，或至少從不同角度思考總是有幫助的。若孩子在一段時間內持續抱怨某些不公平，可能需要採取某些行動了。家長很容易在介入干預，或放棄「關心和負起責任」之間搖擺。無論如何，要做對是不容易的。你會去斥責欺負你女

兒的孩童嗎？你會打電話給他的父母親嗎？還是你會告訴女兒要忍耐？或者你會去學校抱怨這件事？孩子可能會抗拒這樣的處理方式，但若是家長能夠與學校互相合作，多數的孩子都會感到安心。無論父母親是否還在一起，孩子們也會希望爸媽對學校和孩子的權益基本上是有共識的。

該不該介入孩子的學校生活？

當母親旋風般地衝入校長室抱怨兒子被欺負時，十三歲的丹尼生動地形容自己的驕傲與害怕。儘管他很不願意媽媽出面處理這件事，因為覺得很丟臉，但當學校與媽媽討論出一個可行的解決方案時，他的確大大鬆了一口氣，尤其是學校能迅速且恰當地處理後續。

當孩子抱怨學校裡有人嘲笑自己，或遭到惡劣對待時，需要小心判斷是否該鼓勵孩子站出來抵抗，或甚至需要將霸凌者揪出來。這需要一段時間敏銳觀察孩子的情緒和行為——是否有沮喪消沉的跡象、不想去上學、無法入睡、功課退步等。有這樣的警覺心，加上與老師或學校相關人員討論，有助於了解問題的嚴重性，以及是否孩子已經成為霸凌行為的受害者。

潔絲敏的爸媽發現她有好幾個星期睡不好，經常哭泣且不願上學。他們耐心溫和地詢問她，潔絲敏堅持沒什麼事情，只要讓她一個人靜一靜就好。但有一天晚上，潔絲敏向媽媽透露壓力很大，因為班上男生老是喜歡用粗野且帶有種族歧視的方式稱呼

她。她還會收到一些非常惡劣的簡訊和手機留言——這是一種格外殘忍且在這個年紀越來越常見的霸凌行為。潔絲敏要母親發誓保守這個祕密——她寧願去死，也不要別人知道自己為此感到困擾，並且擔心如果講出來，會讓事情變得更糟糕。

表面上看起來風平浪靜，但潔絲敏的母親和其他幾位家長討論後，決定把這個狀況告訴學校的年級主任。學校的應對方式是提出來公開討論，而非單就潔絲敏個人的遭遇。學校將此事視為全體應該要關注的議題，並宣告未來任何與這類霸凌有關的事件都會被嚴正看待及處理。潔絲敏大大鬆了一口氣，因為爸媽和學校合作解決了她的困擾，且沒有洩露自己的祕密，她無須為這樣的結果負責，也就不會被責怪了。

> **貼心小叮嚀**
>
> 　　對許多青少年而言，老師所扮演的角色非常重要，代表家庭以外的另一個重要他人，且熟知自己的行為、社交關係、認知技巧和智力發展。就某種意義上來說，對這個年紀的孩子們，老師可以是家長的替代者，居中調解同儕與大人世界的互動。

相反地，也有可能是老師主動告訴家長，指出某些孩子在課堂或學校遇到的問題和困境。老師們站在特殊的位置觀察這些青少年之間的關係，迅速覺察到孩子生活中的許多面向，這些面向是家長無法看到的。在這幾年，老師的確是孩子生活的重心。孩子會使用複雜的形式溝通，但老師能夠理解孩子的想法，並確實了解孩

子真正想要傳達的意思，進而採取應對措施，而非只是收集表面上的訊息，這對孩子在學校生活的經驗有極大的影響。對許多孩童而言，老師非常重要，代表家庭以外另一個熟知自己行為、社交關係、認知技巧和智力發展的人。就某種意義來說，老師對這個年紀的孩子可以是家長的替代者，能居中調解同儕與大人世界之間的互動。老師的關注和慎重看待對許多青少年有極為重要的影響；不過若覺得老師不喜歡自己，或對自己有偏見，也會造成悲慘的後果。

青少年們在態度或行為上明顯改變，通常是一種徵兆，敏銳的老師會在孩子身上發現某種程度的焦慮，且進一步了解孩子可能需要哪些協助，協助的對象甚至也會延伸到家庭。這樣的老師也可能知道隱藏在這些「態度」背後所代表的壓力與衝突，以及普遍性的行為問題。能夠了解，而非施以處罰或糾正，這樣的處理方式更能幫助孩子朝健康和有展望的方向發展，而不是造成更多恐懼、意志消沉或更強烈的叛逆行為。

尼克十四歲時抽大麻被抓到，不只因為他在學校操場上抽，還是從教職員辦公室就可以清楚看到的地方。除了受到嚴重警告，父母還被叫到學校來，被罰停課一個星期。尼克的父親認為這個不尋常的違法行為，可能是兒子一週前在學校裡遭遇搶奪的影響，有幾個學長搶走尼克的手錶和球鞋，讓他飽受驚嚇。

但學校當局不認為違反校規與這類創傷經驗有什麼關聯。雖然感激父親的理解，但尼克卻變得越來越叛逆和難以親近，成績

一落千丈。若有個老師能在這個困難點上支持尼克，而非以墨守成規的態度給予回應，也許他的學校生活就不會如此混亂。

學業所扮演的角色

這個階段的孩子在思考學習、收集資訊與培養技術性的技巧等方面，會有大幅度的進展，這樣的進展伴隨生命其他面向的激烈變化，學校活動通常成為一個重要的晴雨表，可用來觀測孩子生活中其他面向是否也順利進行。另外，考試成績也是了解生活中各種事物發展的指標。學校功課上的困難和情緒上的挫折，兩者之間似乎沒有明顯的相關性，在青少年時期，男生與女生在考試成績上的差異也仍然持續著。然而，全心投入課業和健全心理發展之間，可能存在相反的關係，尤其是對女孩子而言，努力表現和追求完美表示她們可能極需藉由對自我成就的掌控，來抵抗青春期過程中所需要面對的許多困難。

雖然許多年紀較大的青少年幾乎不記得十二到十四歲時到底有多少學校功課，即使在一團混亂中，課業的學習仍然持續進行。這時期的智力發展

> **貼心小叮嚀**
>
> 學校活動通常成為一個重要的晴雨表，用來觀測孩子生活中其他的面向是否順利進行，另外，考試成績也是了解生活中大小事物發展的指標。

對青少年的自我意識，以及他們對自己在廣大世界裡的地位認知上扮演重要的角色，同時也影響許多新能力與興趣的發掘，以及自尊的提昇。同時，課業學習也常是與同儕建立關係的基礎之一，雖然很少有人願意承認課業學習在這方面的功能性。當十七歲的強納生回顧這時期的自己時，是這樣說的：

> 貼心
> 小叮嚀
>
> 對課業的全心投入和健全的心理發展之間可能存在著相反的關係，尤其對女孩子而言，努力表現和追求完美表示她們可能極需藉由對自我成就的掌控來抵抗青春期過程當中所需要面對的許多困難。

> 大家都在抱怨學校裡的功課，其實根本沒做過什麼功課。雖然大家對學校發生的事情都會哀哀叫，不過，要是遇到好老師，的確還是會學到一些東西，也會逐漸對某些事物感到興趣。學校反而變成你想要去的地方，家就有點煩人和無聊。雖然很少有人願意承認這一點，但他們心裡會想：「其實我一點也不介意學點東西。」不過，大家不會這樣說，因為熱衷某件事情或變得聰明，並不是那個年齡的流行項目，但他們真的覺得「基本上學習這些是還可以啦」。

當家長們聽到年紀較大的青少年同意強納生的看法時，或許會很訝異。回想起來，強納生大多數的朋友都希望當初學校可以

管嚴一點，並從一開始就鼓勵學生多用功。大家似乎都感覺朋友們好像都以一種不完全欣然同意的方式接受學校，因此課業成為痛苦的差事，面對考試來臨，壓力更大。如果說很多人當時自願配合或許講不通，有些人記得自己是很不平的，因為感覺很煩或無法全力衝刺。對這些覺得厭煩和不合群的人來說，學習可能與下面兩件事情有關，一是跟不上進度所帶來的挫折，另外是校方過度關注秩序的維持而不在教學本身。

對這年紀的某些人來說，新的學業壓力有其正面作用，能燃起競爭的鬥志，或能讓他們激發新能力和力量，開發新興趣和好奇心，展現另一個未知的世界，這些對孩子成長中的人格個性都有所幫助。但對另一些人而言，則可能喚起害怕失敗或被鞭策的不悅，有時會感到無法應付，也可能以其他問題來反應。對家長來說，有時是相當為難的，既不能太嘮叨、擔心，過於保護孩子而讓他們遠離其他人，也不能忽略或忽視他們，讓孩子感到失望或產生不滿。學校現在看來像是另外一個世界，家長的參與、鼓勵和關注要比表面上看到的重要許多。另外，團體生活的壓力非常巨大，這樣的壓力可能會以破壞性的方式發洩在家人身上。很多家庭，衝突的爆發點通常來自團體社交和家庭作業。擔心青少年過於專注在團體生活，擔憂兒

貼心小叮嚀
就青少年的觀點來說，鼓勵聽起來像是吹毛求疵的要求，是不受歡迎的，甚至有被冒犯的感覺。

女未來的學業，看不下去孩子將自己的潛能揮霍在似乎無用的活動上，或被孩子拒絕參與他們的活動，父母針對以上的事項通常是無能為力的，於是只好將全副心力放在「孩子到底做完功課沒有」這件事上。

　　要了解上述這些似乎可以理解的焦慮，和導致雙方怒氣的根源因何而來，對孩子和家長來說都是困難課題。事實上，家長是否可以碰觸到孩子的焦慮，以及表達出對孩子的擔憂？還是這些焦慮和衝突只是來自家長想要滿足自己與其他家庭競爭的意圖和野心，而不是真的關心兒女的學習與成長？擔心的爸媽通常會明白自己的態度和青少年文化是背道而馳的，一旦面對憎恨、怒氣或孩子擺張臭臉表示反抗時，仍會試著維持某種權威。

　　然而，就青少年的觀點來說，鼓勵聽起來就像是吹毛求疵的要求，是不受歡迎的，並覺得自己被冒犯了。這些「短暫但激烈的爭議」所帶來的負擔，都是分離過程當中的一部分，父母親若能將以下原則放在心上或許是有幫助的──這些親子衝突都是青少年自我探索過程的一部分，孩子會認知哪些對自己是重要的，哪些是不重要的，同時，還會排除一些額外的負擔，尤其是被家長強迫施加的部分。

　　雖然對立衝突還是難免，但一如往常，家長若能同理地去認清這些奮鬥掙扎的本質，持續不懈地給予孩子向前嘗試的助力，都會是他們成長的過程的正向支持。

（上）蘇柔雯／攝影 （下）陳又嘉／提供

第四章

團體小圈圈

青春期孩子既「渴望被接納」，

同時也「擔心被排擠」，

無論在真實生活中或虛擬世界裡，

對他們而言，團體或幫派象徵某種支持與保護的機制。

對於試著想做自己的他們，有著難以抗拒的吸引力。

此外，電腦遊戲、網路等可能是天賜的禮物，

這些科技產品為充滿不確定感和相關困擾的青少年

帶來許多言語難以企及的慰藉。

你想參加什麼樣的團體？

很多老師、家長，甚至年紀較大的青少年，認為十二到十四歲心理層面受到的試練最多，包括孩童自己及照顧者。這時不像諸如「傷腦筋的兩歲兒」那樣引起父母的焦慮，但可以改用「可怕的青少年」來形容父母的感受。很多成人都清楚這個族群的特色，且各自以含糊詞句來描述這些飄忽不定的焦躁族群，像是：一群無禮和喜愛辱罵的人；人格特質缺乏注意力、專注力、深思熟慮，或尊重他人的特性；一群過於自信和驕傲自大的人，卻無具體事實可支撐他們的高傲；一個不停強調權利，但卻逃避責任與義務的人。他們可能是自成派系的團體，承續年輕自由的文化：狂飲、藐視規則、抽菸、嗑藥、透過音樂與流行與人結識；也可能在心理和行為上接近失控的一群。

許多十三、十四歲的女生，之前還對變化中的身體感到羞怯，但現在根據老師和家長的說法，她們會透過身體來展現影響力，驕傲自豪地組成小團體，排擠比較不成熟的男生。在這同時，她們在控制他人和霸凌技巧上也更為兇狠、精湛且多樣。男孩子以不同方式確保相互的支持和團結，有些孩子藉由誇張表現，像街頭混混來獲取名聲威望，或者在某個領域，尤其是在運動競賽方面成為頂尖高手。若是缺少類似上面的這些選擇，越來越多的人會轉向酒精與毒品；或在某些狀況下，建立緊密的一對一關係——有些同儕會惡意或羨慕地形容這種關係就像婚姻一

樣。當孩子們覺得扮演有尊
嚴又自信的男性角色是如此
麻煩，且經常感到無法達成
目標時，原本較晚才會出現
的毒品問題，因此提前發生
了。加上隱藏的恐懼和絕望
強化一些如浪費物資、自我

傷害、青少年犯罪和壓抑性的退卻行為，最終更導致（尤其是對
男孩子）最具傷害性的自殺行為。

　　這時諸如生理上的變化、學校生活的壓力和不確定感、慢慢
消逝的家庭凝聚力，以及對自我和所處位置的疑惑等，孩子們都
得設法適應。在此階段，友情是最重要的，因此所組成的同儕團
體是否會順利發展，大致取決於這幾年重要轉變期的各種經驗。
從團體中獲得的經驗通常男女有別，且在剛滿十二歲，或即將
十四歲的這兩個階段，會有細微的差異。比方十二歲的煩惱，部
分可能來自未找到安全的所屬團體。尤其女孩子較男生容易有吵
鬧的親密關係，可能每天經歷背叛、欺騙、排擠、懷抱希望和失
望的折磨，這些都是難以忍受的。到了十三或十四歲，團體的關
係就會較為穩定，對朋友的熱切和情感的強度會增加，並對大人
及其價值觀產生敵視。這樣的敵意和冷漠，對家長來說是一大挑
戰，而會讓他們很傷心。

　　通常每個學校都會有一些團體，大多根據各種不同、難以

捉摸且多變的條件所組成：種族、性別和班級等明顯的指標，通常是依據成員在社會上的特徵與階級而來。學校中都會有「主團體」和「次團體」，包括「聰明的」和「凡事無所謂的」組合，好學生與壞學生，羨慕他人和被仰慕等不同的分法。有位老師指著幾個刻意讓自己看起來像是可愛「傻大姐」，吸引別人目光的女生，還故意表現出一副胸大無腦的樣子，其實她們是該年級中最用功、最聰明的幾個孩子。一個十五歲孩子形容自己前一年所交的朋友中：「有假酒鬼、佯裝自我傷害的人，和愛現的」，「但是…」她加重語氣說：「後來又分成努力上進和其他的。」很多是取決於家庭是否「溫暖及給予限制，而不單只有溫暖，或只給予限制」。

　　無論是哪種團體，基本上都像是一種保護罩，保護脆弱的年輕人免於面對自己實際的個體本質，和極度不安全感。十二到十四歲孩子在忠誠與行為上的表現方式，相當不同於過去的年代，早期這個麻煩年紀的青少年似乎對自己會成為什麼樣的人，有什麼樣的關係、興趣和理想抱負，相對比較有自信。在英國，多數十二到十四歲孩子約就讀中學的一、二年級，這時通常需要耍點手段以便在學校取得較好的地位。他們換朋友的速度就跟

貼心小叮嚀

　　中學的第二年或第三年，朋友間的社交網絡會成為青少年的生活重心。對這個階段的孩子來說，歸屬某個團體的經驗，對個人自尊的培養是相當重要的。

轉換電視頻道一樣快速，到中學第三年時（十四歲），就如同一位老師所說的：「他們會變得比較穩定、沒那麼麻煩、那麼令人傷腦筋及厭煩了，也比較不會在公不公平的小細節上斤斤計較。」十二歲開始，團體組成會歷經各種不同變化，但到十四歲這個年紀，變動就會停止，團體成員來來去去的現象明顯減少。

　　若是應對得夠謹慎，有時一個人可同屬兩個以上的團體，在這狀況下，青少年會根據所屬團體的文化而有不同表現：做法上不同、感覺不同、穿著風格迥異、說話方式也不一樣。舉例而言，可能在學校是一個團體，回到家中或在社區的其他地方，是屬於另一個團體。也有些青少年，尤其是那些多才多藝的孩子，在學校裡就可來去自如於許多不同團體，雖然要能夠這麼順利並不容易。身為許多團體的成員之一可以讓青少年個性保有多樣性，同時又可相互連結。孩子們也可以慢慢忍受不同面向的事物互相協調在一起，因此在每個團體當中會允許接受更多屬於其他團體的成員——社交方面的融合通常是走在人格整合之前。

　　團體可以是大型、普及且具建設性的——例如足球隊的球迷粉絲團。團體也可以是龐大、普及但不懷好意的，就像那些在貧民區裡發生的成群結黨、集體攻擊、搶劫、偷竊等種種事件，在這些地方，有一群瘋狂的青少年們進行傷害、攻擊和搶劫他人的行為。當他們身處團體當中，所獲得的認同感促使他們做出具有攻擊性的衝動行為，這些行為在他們離開團體，獨自一人時是不太可能出現的。無論團體的大小，基本用意都是相同的：身為

團體的一份子是為了釐清對自我的認同感，並協助自己順利度過這段與家庭脫離的過渡時期，且能夠在群體中從事某些自己一人時做不來的事情。青少年與家長之間的關係在某個時候會變得不易相處或疏離，而加入團體、與他人共同擁有某個重要的事物，是讓孩子們擁有安全感的一種方式。他們共同在十二到十四歲這段期間裡經歷到許多混亂經驗。但某些尚未成形，或不太會再繼續發展的認同感，也會在這階段促成某些成員結合成一個較為鬆散，或架構不那麼明顯的團體。團體成為一個安全的地方，可以讓青少年各自展現不同的個性，尤其是那些自己覺得不太容易，或不太可能統整的特質。

在一個大致上融合不同風格、種族、裝扮樣式、音樂偏好取向的團體中，會有較強硬、較聰明、較敏感、較衝動莽撞、較依賴的各式成員。披頭四成員早期的形象便是這樣，單獨個體的特徵造成團體成員之間的差異性：約翰・藍儂，聰明、衝動；保羅・麥卡尼，敏感、富創造力；喬治・哈里遜，較無主見、較不聰明；林哥・史達，較為被動。無論這樣的刻板印象是否屬實，他們個別所擁有的才華，都代表每位成員本身個性的特質，而將這些融合在一起，就創造出非凡的音樂作品。

到目前為止，每個人偶爾還是會感覺到如珍妮所說的：「沒有人能夠了解我，我就像是一個局外人。」這個年紀的孩子會因相同的經驗與歸屬感而獲得安全感，不過仍充滿了不確定感，在此過程中所產生的力量非常強大。團體中的認同感與地位極為重

要，被人排擠會讓他們感到
相當困擾，通常團體會自成
一個小型社會，充滿競爭與
地位的爭奪，但還不致於太
過激烈而對團體的整體凝聚
力造成威脅。也就是說，無
論個體表現出任何野心、無

> 當孩子成為團體中的一
> 份子時，表示家長在孩子生
> 活當中的重要性會越來越
> 小。與團體相關的活動，和
> 成員之間關係的變化，對孩
> 子來說才是最重要的。

貼心
小叮嚀

所不能、造成離間分裂、合作無間、相互依賴、具破壞性等不同
的衝動行為，都還是可以讓孩子們在團體結構下的相對安全範圍
中，各自充分地進行許多發現、探索、實踐和經歷，並能夠控制
與駕馭這些感受或經驗。

　　然而，要在團體生活中生存通常就須承受相當大的壓力，很
多人一方面對身為團體的一份子感到很滿意，但另一方面，又覺
得要依照他人的意思而活，或試著成為自己想要成為的那種人，
是相當辛苦的。

　　不知道為何其他人覺得我很厲害、很有吸引力、很羨慕我，
所以我不能讓他們失望，結果只有在寫日記時我才能做我自己，
說出擔心的事情。

　　這是十四歲安娜的心聲，這可能會讓她的朋友們相當訝異，
因為大家覺得安娜是在任何派對中最有魅力的人，所有的注意力

都會以她為中心，或許每個人都在某部分認同安娜的一些作為，有部分是要抗拒孤立的恐懼，以及要努力維持一開始就出現的友誼形式。過去曾被虐待或剝奪利益的青少年，尤其會想挑選特定的同儕團體，與之建立強烈而不含糊的關係。

對十二到十四歲孩子團體的成員來說，儘管擁有「人多勢眾的安全感」，但仍有些青少年渴望擁有單一、個人的特別關係，並從中獲得慰藉。常聽到青少年承認自己「其實跟團體中多數朋友並不一樣」的矛盾想法。這點出很多這種團體友誼關係中的脆弱與冷淡，以及隱藏在其中尋求個別安全及互相信任的友誼需求，這樣的關係，是該階段青少年致力追求的重要連結；某種可替代家中長久以來無條件的愛——在青春期起伏和變化無常的混沌初期，讓孩子覺得很難得到或得不到的一種愛。

在中學第二年或第三年，朋友間的社交網絡會成為每個人的生活重心，但相較於十二歲剛進入中學時，呈現的方式是更穩定，且具有相當的差異性。歸屬某個團體的經驗，對自尊的培養相當重要。的確，若孩子在這方面有良好的經驗，他們才有往前走下去的勇氣。沒有其他事物比社交生活更重要，若成功，孩子會很開心，反之，則會很沮喪。但通常更為深層的苦惱與焦慮感可能會埋藏在心裡，藉由生活中團體成員間的輿論來左右這樣的感受。

潔瑪的父母在她十三歲生日過後不久就分開，她提到那時除了學校生活，沒有其他事情對自己是重要的，她表示：「無論我

和誰接吻廝混，或是有沒有合適的牛仔褲可以穿，這些都比我爸媽分開重要許多。功課也不重要，只有學校、社交生活才是重要的，其他的事情都無所謂。」後來，潔瑪才發現，父母的離異才是讓自己如此熱衷學校和社交生活的主因。

當孩子成為團體的一份子時，表示家長在孩子生活當中的重要性越來越小。與團體相關的活動，和成員之間關係的變化，對孩子來說才是最重要的。即使是老師們也一樣，不管是嚴厲或有耐心，或富同情心而受到尊重的師長，最後都會變成沒有關係或令人尷尬的人。一個家教老師如此形容自己的教學經驗：

從第一年覺得我是「神」，到第二年好奇「我的世界」是什麼樣子的，到第三年，無論我做什麼或說什麼都是錯的。一直到第四年，我才再度得到接納，這時孩子才尊重我是老師。

小團體大樂趣

在這個時期，對孩子們來說，學校功課一點也不重要，因為它會打斷社交生活。十二到十四歲孩子們，內外都感受到龐大的壓力，在社交生活中尋找自

貼心小叮嚀

對十二到十四歲孩子們來說，學校功課一點都不重要，追求八卦和參加派對才是此時最重要的事情。

我的需要比學習來得重要許多。
八卦到處流傳著，並成為主要的
資訊來源，有些與團體其他的成
員有關，有些與其他團體的行為
或想法有關，但都是帶著偏見或
不可靠的訊息（尤其是那些偏頗
或臆測的消息）。以往，家長們
會因小孩放學後佔據電話，而使
家中氣氛緊張，或為電話帳單而
爭吵。現在，有了手機之後，青
少年更方便隨時得知朋友間的任

何動向，及時了解朋友們在關係或煩惱上的任何細節，這更讓家
長覺得完全被排除在外，甚至感到自己是多餘的。然而，無時無
刻想要知道對方感受、反應和活動的渴求，可能是孩子們用來試
練自己不同面向，以及了解他人對自己各種反應的管道。某方面
來說，也許八卦的主角可能是自己想要嘗試扮演的角色，才會對
它如此著迷。

　　被某個團體所接納，這樣的經驗所造成的正面影響是不容小
覷的。納歐蜜因為在操場上抽菸，被叫到校長室去。當校長從辦
公室走出來，發現竟有六個十四歲的女孩一起在等待區，她們都
穿著一樣的牛仔褲和靴子。其中一個女生友善微笑地說：「我們
只是想要納歐蜜知道，我們就在她身邊。」校長遇上的是一群不

會去懷疑朋友的女孩子們，她們對自己的自我認同感也不像當初剛進學校時那樣的不確定，也還沒有開始對未來的伴侶選擇過度擔心。這群十四歲的青少年們尚未感受到考試的壓力，或對「我以後要做什麼」產生擔憂。因為爭吵、閒聊、分享、發展小團體、排擠他人、團體重新組合等所帶來的痛苦與樂趣，都是以相當緩慢的速度醞釀著，到現在為止，孩子們一方面覺得「依賴」所屬的團體；，以後可能再無機會擁有這種緊密或自在的關係；另一方面，在家中則是有越來越嚴格的限制，尤其是當孩子覺得朋友團體比家庭重要時，此刻與家庭有關的事物都會讓他們感到反感與失望，甚至是認為跟自己無關。

▍為什麼會加入幫派？

不屬於任何一個團體，也沒有加入任何幫派，習慣獨來獨往的青少年們，在這個階段算是很特別的。無論經歷什麼風雨或波折，團體都能為孩子們提供一個社群架構，讓青少年感受某種程度的彼此關心，且有著共同關心的目標或議題，當然也存在著無可避免的相互競爭與比較。不過，有些團體的性質和從事的活動與一般團體頗有差異，甚至是較傾向於幫派的性質。

前面所提到的納歐蜜，她所屬團體的成員具備相當的共識且能相互扶持。但有些十二到十四歲孩子所組成的群體可能呈現較

不穩定和缺乏建設性，這類團體可能建立在專制與順從的機制，但成員的行為模式卻又是以叛逆和反抗為主，甚或可能進行犯罪行為。這些成員可能聚在一起彰顯個性上趨向毀滅、破壞或絕望的層面，目的在傷害自己或他人。團體有時會對成員施加壓力，讓他們去做單獨時不敢或不會做的事情。

當湯尼回顧自己在十三歲時，說道：「除了帶給我麻煩外，沒辦法指望我的朋友。」當他描述自己是如何被「引誘」加入一個十三歲的幫派時，是這樣說的：

我開始和這一群人鬼混……他們其中一個跟我說：「你很酷，我們喜歡你的長相。」讓我在那個年紀第一次感覺到自己很棒，有人欣賞我，並要跟我做朋友。但他們開始做一些我不想做的事情——像逃學、不寫功課、吸毒和打架。我發現自己竟跟著去做相同的事，即使我覺得那不像我。

我們從湯尼的例子發現他其實是很脆弱，他並沒有覺得自己很棒。被這個團體接受，和欣賞自己的人交朋友，雖然只是因為他「冷酷無情」的外表，但至少提供某種歸屬感。

貼心小叮嚀

這階段的青少年很需要被認同和肯定，當有人說他很酷、欣賞他時，就很容易被引誘進入他不是那麼認同的團體。一旦進入就很難脫身，此時絕對需要父母的介入，幫助他脫離此類的團體。

即使內心抗拒，湯尼發現自己還是走上一條既不珍惜也不認同的道路。他活在擔憂之中，害怕被所謂的朋友發現自己不忠於該團體，或被爸媽發現而遭受處罰，或冷漠的對待。

湯尼的幫派就像其他的團體一樣，是由一、兩個年紀較大的男孩子所主導，這些帶頭的幫主們有種魅力，他們「行事作為強硬」，而且就像湯尼說的，已經「開始吸毒和有性行為了」。這兩個人提供年紀較小與能力較差的男孩們一個選擇，要不就是跟從自己，模仿他們的行為和態度，要不就成為團體中受欺壓的被害者。任何人想要脫離幫派都會受到威脅，恐嚇他們將得到嚴厲的懲罰。當時湯尼的父母都把心思放在自己的煩惱上，沒有注意到兒子的狀況，一直到湯尼的哥哥把此事告訴爸媽，他才得以脫離這個幫派。湯尼的父母這才發現兒子如此不開心和害怕，常常需要用扯謊來掩飾他所從事的活動。幾年之後，湯尼仍然無法相信那個所謂的幫主當初竟能夠這樣控制自己。「其實他們才是受害者，而且從來沒有改變過，他們到現在還跟以前一樣，實際上他們是輸了。」

▍傾聽孤單孩子的心聲

湯尼的妹妹珊卓拉，是屬於那種較孤立的類型。這個年紀雖然是以團體為主的文化，但是，每個青少年發展的速度和方式都

不一樣。有些孩子依然和家裡保持緊密的關係，認同父母的價值觀與態度，並不想要脫離家庭或隨意冒險。有些不是住在人口密集社區的孩子，沒什麼機會或時間可以和朋友相處，因此可能尋求另一種陪伴者，例如寵物、書籍、電視和電腦遊戲，或甚至偷偷把玩具當作朋友，雖然在這個年紀大都已經遠離玩具了。這種孤單寂寞的傾向不一定需要擔心，如果是孩子自己選擇的，可能表示孩子對自己有相當程度的了解，並已經思索好何時才要向前邁進，或開始進行自我探索。但另一方面，這樣的情況也可能表示孩子對長大極度焦慮，想要藉此逃避疑惑和陷入兩難的困境；而即使這是一種退縮的方式，都比無精打彩和沮喪消沉來得有建設性。

如同珊卓拉的例子，傾向孤立也可能是反應某種家中的壓力和需求。珊卓拉是家中的寶貝，在她出生前三年，母親曾有過一次死產的經驗。以珊卓拉的年紀來說，她的體型略為嬌小，吃不多。母親和珊卓拉都希望她能夠一直留在家裡，受媽媽的保護，以避開來自家庭外面的「可怕危險」。無論何時，如果可以的話，珊卓拉總喜歡待在母親身邊，當媽媽的小幫手，幫忙準備餐點、一起看電視，她似乎也沒什麼特別感興趣的事物。當珊卓拉進入中學之後，母親在她生活中的涉入程度頓時被迫減少許多，她發現自己缺少內在的力量，在此年紀，這種力量對社交生活來說非常重要。其他孩子可能感覺到珊卓拉的脆弱，於是將她排除在外，而非接納她，這讓珊卓拉遭受非常嚴重的欺負。珊卓

拉一開始就屈於劣勢：她比其他人更為嬌小且弱不禁風，想成為任何一個團體的成員時，她在一項重要條件「同質性」上便失去了資格。當然也有可能的是，珊卓拉的母親太想要保護女兒不受生活煩惱所困擾，反而讓她有了某種缺陷。對珊卓拉來說，自己在面對困難時，似乎缺少心理上的韌性，而這些都是她目前所需要的，才能夠讓她順利在這個稱為「黑板叢林」的地方生存下來（譯註：「黑板叢林」指的是以無紀律和少年不良行為為特色的學校）。

　青少年們似乎總是無精打彩和狀似無聊，或花許多時間看電視和上網，顯示他們心不在焉，家長們常對此非常煩惱。那個充滿活力熱情的「十一歲孩子」，好像突然「變笨」了。或許他們只是在進入燦爛人生前的空窗期中偶爾消磨時光，從事這些看起來讓他們上癮的活動，只是象徵青春期風暴的焦慮退縮狀況，就如同俄國詩人普希金（Pushkin）生動描述的「因不諳世故而引起的騷動」。但這樣的退縮行為是不該忽視的。疲倦和無聊都可能代表極度的意志消沉，或對生活的一種逃避——若更嚴重的話，需要進一步面對、改善，例如藉由諮商師或治療的協助。另外，這種陷於無趣、消沉的

> **貼心小叮嚀**
>
> 青少年經常表現出無精打彩和百般無聊的樣子，而疲倦和無聊可能代表極度的意氣消沉，或對生活的一種逃避，作為家長的我們需要抱持更寬容的態度來面對這樣的心態。

情緒也可能代表對某種憤怒與破壞性衝動的恐懼，以及害怕自己會失控。這些個性上具侵略性的面向是需要獲得紓解的，而無論是在同儕團體、社團或足球場上，團體中的互動可以讓這些面向在相對安全下被探索。在某個程度上，也應該讓孩子們進行這些探索。若沒有團體的共同經驗，青春期的孤立行為可能會讓孩子承擔忽視或否認性格黑暗面的風險，因而無法完整地整合自我，妨礙他們對自我的理解與發展，並在心理上留下後遺症。

在學校裡，珊卓拉身邊的同學都具有表達負面情緒的能力，而她卻缺乏足夠的安全感來充分傳達感受，因此她從沒有學會如何照顧自己。這可能也是造成珊卓拉不願進食的原因，這通常和心理障礙有關，基本上她無法接受害怕的經驗，也不知道唯有接受這些經驗才能夠讓她更懂得保護自己。珊卓拉認為「母親大概無法承受死產的悲痛」，或許讓她產生某種對侵略衝動的原始恐懼，以致使她在啃咬和咀嚼方面遇到困難。

類似珊卓拉這樣的狀況，家長們理所當然會焦慮，擔心孩子是否能夠結交有幫助的朋友，並激發出好奇、勇敢和創意的人格面向，或因為欠缺益友而扼殺限制他們在這些方面的發展。青春期早期所形成的團體或幫派，通常對培養自信和自尊具有長遠的作用，且廣泛影響孩子的生活態度、成就與選擇。無論是加入團體或幫派，或獨來獨往者，都反映十二到十四歲孩子個性的特徵，不能簡單地用「他交了不對的朋友」，或「她很幸運能有那些朋友」，或「他就是一個獨行俠，他喜歡這樣」等幾句話輕鬆

帶過。了解隱藏在這些錯綜複雜面貌下的各種問題，有助於鼓勵良好的個性特質，和修正那些對青少年發展較沒有幫助的面向。

青少年透過社交生活，尋找自我並解放自我。

貼心
小叮嚀

　　小時候所就讀學校的文化與風氣也有很大影響，就如一位老師說笑道：「如果你是我學校裡的男生，想要生存下來，你必須是中產階級，要非常聰明和擅長運動，而且最好是猶太人。」而在另一個環境中，生存具備的「條件」可能又迥然不同。在回憶這個階段時，許多青少年會強調「偽裝」的需要。每個人都必須尋找某個團體，而這個群體要能在這個過渡期裡，在面對來自個別與團體壓力時，長久保護他們獨特和未經琢磨的自我。

　　對像珊卓拉這樣的青少年而言，電腦遊戲、DVD、網路等可能是天賜的禮物，同時也是一種危機。網路聊天室提供虛擬的友誼，有些孩子可以在此找到慰藉，對它感到興奮和充滿冒險刺激，或將它當作興趣和娛樂，不過，對某些人來說，卻可能是危險的。網路關係是否提供受歡迎的支持或包容，或是否讓人越來越依賴，完全取決於青少年的需求，以及使用網路的原因，或如何使用網路，以及每個網站所帶來的功用：是讓人逃離現實、排解寂寞無聊；或想要做種種嘗試；或想要滿足好奇心、某種渴望，還是其他慾望；或想要擁有新的體驗，還是增長知識？什麼狀況下好奇心會轉變成偷窺行為和嘗試變態的性行為？現代人對不同媒體的接觸持續增加，逐漸形成一種文化，並對傾以退縮來

面對青春期各種情緒困擾的孩子有相當大的影響。通常，可以在青少年房間裡找到各式各樣的科技產品——電腦、手機和網路。在某種情況下，興趣可能變成強迫行為、成癮行為，抑或是一種技能。這其中有許多機會，但也有危機。雖然很多人強調這些科技產品的缺點，尤其是對這個年紀的孩子而言，但也有人認為這些科技產品讓孩子們覺得比較快樂、擁有較多的資訊、較獨立和感覺有能力。

　　這些產品可以提供一個逃避的途徑，一個可以躲避現實生活的藏身之處。同時也提供一個支持網絡，證實世界上真的有人在關心這些青少年初期的困難。

　　這是一個十五歲孩子的回憶，針對最近的遭遇，她很清楚科技產品可以提供這個年紀的孩子們什麼功用。她仔細思量這些產品的吸引力，肯定「在某個特定領域成為真正的專家可以讓人更具自信」。她了解這些產品對充滿不確定感和相關困擾的青少年是一種慰藉，尤其是當團體成員發生衝突時。她表示看到螢幕上的文字，或在與他人溝通時，那種擁有掌控權的感覺是可以撫慰人心的。科技產品提供那些原本沒機會進入另類社交團體的青少年更多可能性。但若是過度使用或濫用，也會產生令人擔憂和虛度光陰的誘惑，引發自由程度大小的爭議。對父母們來說，在規範上與孩子達到共識是相當困難的，尤其青少年對相關科技產品

比大人們要精通許多，往往讓家長們覺得受挫和無能為力。

　　十二到十四歲孩子們主要是受到「希望被接納的渴望」和「擔心被排擠的恐懼感」所控制著，無論在真實生活中或虛擬世界裡，對青少年而言，團體或幫派會形成某種支持與保護的機制，因此，對試著想做自己的他們，可以免於許多困境。家有青春期的孩子，早期都會衝突不斷，到後來家長們會發現不如抱持一種「受困心態」（siege mentality），冷眼旁觀，給孩子們一段時間找到回復的方向，而他們也終究會找到。

（上）黃德生／攝影　（下）陳又嘉／提供

第五章

很高興認識自己

這階段的孩子，需要面對自己的某種負面感受，

他們覺得很痛苦，但又不想失去這些感受。

青少年被迫邁向未知和難以確定的未來，

在這路途上，每一步都是一個考驗，也是新的探險；

主要是因為他們還無法離開父母與家庭。

儘管面對種種困難，許多家長仍設法支持孩子們，

度過這個建立內在認同和自我克制的艱鉅過程。

認識自己是什麼樣的人，

以及接受不完美的自己，

都是十二到十四歲孩子重要的功課。

十二到十四歲的孩子在青春期當中，需要面對的新課題很可
能與自己的某種負面感受有關，讓他們覺得很痛苦，但卻
又不想失去這些感受。很多青春期中看似最困惑、無法理解、消
極無助或討厭的表現，都可以看作是青少年正在用不同方式來處
理負面而不舒服的情緒。無論是面對、略過、否認、擺脫或隱藏
這些不熟悉及充滿壓力的經驗，如果它們無法被直接感覺到或表
達出來，就如同不存在一樣。

「我是誰？」

對於要離開熟悉的事物，例如：要離開相對安全與充滿確定
感的孩童時代；要離開一些已經知道和能夠辨識的事物（包括自
己熟悉的身材、外貌），孩子所感受到的悲傷要比我們知道的要
多很多。青少年們現在被強迫要邁向未知和較無法確定的未來，
在這路途上，每一步都是一個考驗，也是一種新的探險。造成這
種尷尬處境的核心因素，是他們還無法離開父母與家庭，雖然實
際上看來往往未必如此。一味強調這階段離開家庭與父母的困
境，可能又過於誇大孩童時期的美好時光。當然，對於在孩童時
期過得並不開心的孩子而言，青春期反而是令人期待的，這會讓
他們毅然決然地拋下孩童時期，頭也不回地向前邁進。的確，青
春期提供第二次機會，讓孩子能夠擁有之前無法獲得的經驗或可

能的發展，無論當時是因為什麼緣故無法擁有，如健康、某種喪失、分離，或其他的挫折和困難。

就如同我們所看到的，對十二到十四歲要傷神與探險的重點是需要整理清楚自己到底是誰？絕對不同於父母認為自己是什麼樣的人，或父母希望自己成為什麼樣的人。生理與心理上的認同成為重要議題，各種不同體驗成為孩子嘗試整理此議題的主要方式。孩子們進行不同的體驗可能是避免焦慮的方式，也可能是一種建立認同的手法，即使是要經歷波動起伏或是脆弱的時刻。無論來自於大人們或自己的，或相*互*之間的試驗和挑戰，都是孩子們在這階段最強烈的經驗。有一天，十三歲的史提芬問媽媽：「世界上每個人都覺得自己是最重要的嗎？」這個深切又簡單的問題基本上便是要試著去了解自己。但這也表示孩子發現自己其實並不像自以認為的那樣特別。如果不相信自己是特別的，那又要如何從他人看法中釐清自己是怎樣的一個人呢？這樣的困境讓孩子想要與他人有別，同時又害怕鶴立雞群，他們只想要在可控制的範圍裡有所不同。在這個年紀，這種將孩子們向前推進的勇氣通常伴隨著焦慮，讓人裹足不

貼心小叮嚀

對於在孩童時期過得並不開心的孩子而言，青春期反而是令人期待的，這會讓他們毅然決然地拋下孩童時期，頭也不回地向前邁進。的確，青春期提供第二次機會，讓孩子能夠擁有之前無法獲得的經驗或可能的發展。

前。家長們通常會因為表面上所看到的不一致性而感到茫然，或許也是因為這樣的情況反映出爸媽混雜的感受，想要將孩子向前推進，讓他們快快長大，卻又擔心「有一天孩子終將會離開」，同時又想留住他們，因此感到哀傷與失落。

勇敢做自己

　　此時，各方面的早期感受都會被喚起，回憶起剛學會走路的孩子才離開自己的視線到處探險，等一下就焦急地飛奔回來；或母親希望孩子能夠快點斷奶，卻又對斷奶後失去與孩子的親密連結而感到失落；或父親覺得寶寶就像自己與太太之間的障礙，希望回復到以往甜蜜的兩人世界。這樣的感受會因為孩子在家中的排行而出現很大的差異，有兩個兄姊的十二歲孩子的經驗可能和哥哥姊姊們不一樣；相同地，有弟弟或妹妹的青少年也會有相當不一樣的感受。每個孩子在家中的位置，對他們在這個辛苦階段的影響，遠比一般所知還要更大。舉例來說，弟弟妹妹是否來得太快了？他們是否需要為了弟妹扮演「好哥哥／好姊姊」的角色？他們是否需要照顧情緒消沉的母親，或代替缺席的父親？

　　孩子們之前生活的經驗很重要，因為青少年小時候所遇到的困難造成的影響，以及當時是否有人理解或處理，都會左右他們對青春期壓力的感受。比方孩子或父母以往是否能表達自己的感

覺，是否可以及時處理他們的憤怒、悲傷或焦慮。對一般的青春期壓力，若產生極端的行為表現與過度的反應，背後通常都源自於小時候的問題，或隱藏的緊張壓力，在此情況下，通常不太可能充分了解孩子的天性。

　　大家一直覺得十三歲的安妮是相當有自信與聰明的「模範學生」，然而，在一次鋼琴測驗之前，她突然出現恐慌症，毫無原因地在考試教室裡無法呼吸，不停地發抖。三年前，安妮的妹妹因為一次嚴重的車禍而受傷，媽媽一直相當難過與消沉，對無法預防這樣的意外相當自責。安妮是媽媽的主要照顧者，她試著當媽媽的「媽媽」，並為了要鼓勵她，得努力當個可以幫助他人的好學生。

　　深入了解安妮恐慌症發作的原因之後，才知在好女孩的表面下，存在著長久以來深切的恐懼，害怕所有事物都是不好且邪惡的；害怕因為自己的好勝心和想要成為母親的唯一，反而造成可怕的事情發生；想要藉由當「媽媽的小天使」，也就是她「無法想像的完美」，不停掙扎想要補救（最後終將失敗）任何痛苦、不完美或缺點等等，這些都形成巨大壓力。現在，即將到來的鋼琴測驗，促使這些競爭性與毀滅性的感受瓦解了安妮冷靜的外在表現。

安妮開始了解自己是在扮演一個完全不同的人，她隱藏起自己的哀傷和罪惡感，以便符合他人對自己的期望和需求。這讓她犧牲了對自我的感受。母親本身由於類似的恐懼而過於沮喪，無法幫助大女兒，也不能讓安妮充分釐清自己對發生在妹妹身上的意外，以及因為嫉妒所引起的非理性恐懼。在對學校的輔導老師——某個與家庭沒有關係的人，訴說這些焦慮之後，安妮有機會試著處理那些討厭和不熟悉的感受。從這個新觀點出發，安妮發現其實自己並不是自己所以為的人，也不是自己一度想要成為的那個樣子。之前默認自己是這樣子，才讓安妮個性上的其他面向備受威脅。

安妮讓潛意識的某種動機牽引自己，其他人可能會使用其他方式，因為這樣他們比較開心，無論是為了什麼原因——可能是太害羞而不敢脫離熟悉的事物；太體諒家長必須努力教養孩子的壓力；對自己所擁有的過於滿足；太過於認同父母的觀點與價值，而不敢冒險擁有自己的看法。每個青少年都有自己的發展速度，有些人晚一點才會經歷這些試驗與挑戰，另一些人則可能以不同的或較不明確的形式呈現。

貼心小叮嚀

為什麼孩子不敢做自己？有以下幾種可能：太害羞而不敢表達自己；太體諒家長而成為家長心目中理想的自己；對自己所擁有的過於滿足而放棄自我成長；太過於認同父母親的觀點與價值，而不敢冒險擁有自己的看法。

▎尋覓及考驗真實的自我

　　在這個年紀很常見的是想要測試每一個人和對每一件事情的渴望。發掘哪些「不是我」，這在釐清「我是誰」是相當重要的步驟。對家長來說可能無法理解，此時，孩子事實上所質疑的對象正是父母本身，發現自己對父母的需要僅是生活中的小部分而已。這些像是難以控制、拒人於千里之外，甚至有時是十分殘酷的表現，都可能代表孩子們的焦慮，表示需要在熟悉的家庭以外的環境和關係當中，找到某種自我的定義。以往孩子在表達這些感受時，大人們很難不採取批評和優越的態度。而現在在得面對孩子類似的批評和優越態度時，大人們也會覺得難以接受。

　　這個十二到十四歲的多數孩子，已經從身為爸媽的兒女，轉換到下一個階段，尋找自己到底是誰，和父母有哪些不同。在僅是當兒子／女兒，和身為獨立的個體，孩子們顯然關心這兩者之間的差異。就因如此，青春期初期通常是孩子開始思考在人格特性上檢視親生父母的時候，此外他們也一直在原生家庭裡努力忍耐與接納（或拒絕）各種狀況，為的是確認自我。

　　領養的孩子與養父母在這個尋找「我是誰？」的階段更是艱辛，孩子們對於自己可能會成為什麼樣的人，只能夠從領養家庭得到很少的線索，甚至毫無頭緒。對生長在原生家庭的孩子來說，可以有機會質疑、接受或拒絕父母的人格特質，這是自我認同發展上的一個重要部分。但是被領養的孩子卻很難由此獲得

有效的訊息，必須面對不知哪
些才是重要資訊的課題，還要
接受有兩對父母，但對他們各
自的過往卻充滿疑惑和無法理
解。對任何年紀的孩子來說，
這樣的情況令人耗神、感覺孤

立，尤其是青少年。他們可能會發現不斷要證明與測試自己，尤
其是證明與測試養父母對自己的愛，希望藉此找到某種安全感，
和有意義的自我感受，以及某個可以認同的教養模式。

音樂品味

　　音樂的品味通常是家庭生活中第一個世代差異測試的指標。
音樂傳達出不同的旋律，和不同世代對不同團體的擁護。或許，
在文化上，對青少年來說，音樂是界定自己與父母之間差異的最
主要因素。現代青少年的文化反映在對於流行音樂的喜好上，其
特性包括前所未有的種族融合、充滿生氣、敏銳的、大聲嘹亮、
即興的，以及準確表達出新一代的聲音、歌詞、旋律和節奏。音
樂是進入下一階段生活主要的部分，或是與團體連結的重要元
素，也是一個用來區隔自己與成人之間重要且根本的分野，這種
指標通常讓許多不同的同儕團體結合在一起。

　　十五歲的蘇萊雅是這樣形容自己和朋友們的：「十二歲時，
聽音樂其實是要認同某種形象，而不是真的喜歡或想要了解那些

音樂。」她回想起那時候爸爸很喜歡一張自己買的CD專輯，蘇萊雅害羞地說，就因為這樣，自己再也沒有聽過那張專輯。這種因不同世代對音樂喜好上不同的堅持，遠比自己個別的喜好來得重要許多。

服飾風格

　　對於服飾的選擇，也跟音樂喜好一樣——針對團體認同與儀式化行為的差異與歸屬感，服飾與音樂都是強而有力的表述。想要與父母或權威人士之間有所區隔，或對新的良師益友和榜樣的追尋，對孩子而言都是必要的，雖然其中難免有些風險。對於布鞋、髮型，或披掛項鍊方式的狂熱追逐，在某種程度對於穿衣風格上，幾乎達到了盲從的地步，一種穿著類似制服的歸屬感，和一種想要減少彼此差異的期望，都可以在孩子們的傾向，甚至是需求性上看到他們充滿不安定感。為了趕時髦，有時會想和其他人穿一樣的衣服，雖然仍有細微差異卻難以分辨。另外，他們也在某種程度上，利用不停弄頭髮與打扮自己，以及對這些的喜好（男女生都一樣）來表示對正在變化的身體的興趣，以及非常嚴肅看待團體生活。

　　孩子藉由和爸媽持不同意見來定義世代間的不同，而當中的確有許多看起來不適當的表達方式。彼得父親的招牌特色是穿著舊牛仔褲和留著及肩的長髮，而十四歲彼得則是把牛仔褲很認真地燙過，穿著白襯衫和打領帶，混合金蔥絲質的襪子和塑膠涼

鞋。這身打扮所造成的影響就如同彼得想要的那樣子——爸爸無法理解，且相當生氣，他將兒子的穿著風格當作對自己的人身攻擊，無法分辨這是一種子女對父親的敵意行為，還是急於想要表達什麼的意圖。但對兒子來說，則是找到一種藉由和父親有所不同而來定義自己的方式。彼得爸爸的特異獨行，讓兒子在與上一代區隔，以確保自己的好勝心上，要比同年齡的人更加困難。

通常在這個年紀之後的青少年們，會強調自己的「風格」是多麼特殊，但是，他們對於父母親的選擇卻沒有太大的影響力。對爸媽穿著風格感到尷尬，或舉例來說，對車子的選擇通常在這個時期是最為敏感的。許多家長送孩子去上課時，孩子會要求爸媽在遠一點的地方讓自己下車（即使是在滂沱大雨當中），免得受到朋友嚴格的檢視。

休閒活動的選擇

無論是自我表述或休閒活動、興趣等的共同衝動，都是想試著生活在某種優勢的邊際——男女生各有不同的界限。男生逐漸增加的體能、力量，以及因賀爾蒙所造成的旺盛精力，會讓他們想要測試自己膽量和力量的極限。在這個年紀，最重要的是過程本身，而非最後的目標。於是某些活動，例如籃球、空手道、足球、登山車、滑雪板，都可以成為一種熱情與獎賞，這些對在社交生活上的威望與包容都有很大的幫助。有「強壯的體格」和擅長的體育技能，對男孩子是極佳的資產。無論在男性／女性的同

儕當中，僅因為體重過重或在體型上難以歸類，就可能成為相當不利的條件。

　　運動員在自尊的培養上特別有收穫。受人崇拜與尊敬著，他們很少有被霸凌的困惱，或被排斥的痛苦。然而，他們強烈想在體能上追求更好成就，可能意味隱藏在這光鮮表面下的焦慮，擔心自己在其他方面的失敗或無能為力。當開始常發生意外，或當訓練變成一種偏執行為，再也不是一件快樂的事情時，便是警示大人需要注意的危險訊號。整體來說，體育成就可為許多青少年男生提供某種支持性和有建設性的管道，若沒有這樣的管道，可能就會焦躁不安，毫無目標，想要找到重心，而做出一些緊張或侵犯行為。這年紀的男生有些會透過各式各樣很不社會化的形式將困擾宣洩出來。原先在體育活動當中所呈現或包含的挑戰與刺激，若出現在那些更具破壞力的青少年身上，可能變成激發他們冒險精神但屬於犯法的行為，如結夥搶劫、偷竊、闖空門、瘋狂逃命。這些刺激造成腎上腺激素激增，因而產生焦慮和害怕；然後，當年輕的雙腿帶著他們成功逃離大人的追緝時，甚至還會得意自己無所不能。

　　也許在某些心境下，類似明顯犯罪的大膽行為和在體育活動上的英勇事蹟，跟刺激危險是沒什麼關係的。無論是否合法，或是否摻雜在其他方面所引起的焦慮，這些行徑似乎表示一種需求——想要了解渴望與如願之間關係的需求，伴隨不停想要測試現實，想要探索自己雄心壯志與實際可能性之間的界線到底在哪

裡。家長們需要有點信心讓孩子承受某種程度的風險，讓他們犯一點錯，自行承擔後果，但仍需堅守雙方溝通且同意的底限，儘管孩子們會不停挑戰和忽視這些限制。

在這個年紀的女孩，通常也會藉由身體來挑戰界限，但比較是利用、展現自我性別上的特徵，而非透過體能上的相互競爭。

當十四歲的蘿絲連續好幾個晚上都外宿朋友家，而且沒有告訴父母行蹤時，幾乎快要抓狂的媽媽對著她吼叫：「你到底想要怎樣？」「做我想要做的事情，不用你管。」蘿絲暴怒地回答。「不行，你至少要打個電話回家告訴我你在哪裡。」在一陣激烈爭吵後，兩人溝通的結果是，如果蘿絲想要在外過夜，她就必須告訴父母身在何處；如果她需要有人來接，爸媽會馬上趕來；如果她晚上十一點以後還要在外面遊蕩，至少要有兩個以上的朋友作伴。

貼心小叮嚀
孩子不停想要測試現實，想要探索自己雄心壯志與實際可能性之間的界線到底在哪裡。家長們應該讓孩子承受某種程度的風險，讓他們犯一點錯，自行承擔後果。

貼心小叮嚀
在這個年紀的女孩們，通常也會藉由身體來挑戰界限，但比較是利用、展現自我性別上的特徵，而非透過體能上的相互競爭。

▍挑戰自己和父母的極限

　　蘿絲和朋友艾瑪，兩人在十二到十四歲這幾年中不停追求刺激、危險，回憶中，這幾年為了想追求某種地位而承受巨大的壓力，她們傾盡全力想要成為重要的人物，無論是透過性愛、毒品、在身上穿洞，或其他輕率魯莽的行為。蘿絲和艾瑪表示當時自己不知道為什麼相信世上有「守護天使」可以保護她們免於可怕的遭遇。她們也聊到十五歲時，發現「守護天使」其實就是自己的爸媽時，著實鬆了一口氣。有時帶朋友回家發現其實兩代之間的溝通至少在某個程度上還是可行的。

　　艾瑪形容當自己在十二歲和「年紀較大的男生們愛撫擁吻」時，感覺是多麼糟糕。

　　我一點也不想要這樣，一點也不喜歡，我覺得很可怕，不過也覺得很刺激，我應該是想要這樣做的呀！當我嘗試抽菸和吸毒時都覺得非常噁心，但為了要長大，表示我必須要做這些不喜歡的事情，還要讓自己看起來很喜歡做。

　　蘿絲和艾瑪藉由痛苦地經歷不該做的事情，來發現自己到底應該是什麼樣子。兩個小女生講到那個時候是如何受到迷人、有魅力的學長們吸引，這樣子的對象代表直接的挑戰，也是父母的另一個替代對象。她們追求地位，因為受到他人注目而開心，

會因為他人的自吹自擂和信口開河（「我可以讓你免費加入俱樂部」或「我隨時可以幫你找到工作」），而感到被他人奉承。因為就如同我們所看到的，女生比男生較為成熟，在這個時期，她們通常會和大個兩、三歲的男生來往，並發現自己所參與的活動，尤其是性行為方面的體驗，比同年紀的男生來得早熟許多，同時也較為刺激、興奮，加上恐懼、害怕。

艾瑪和蘿絲形容其他的女生朋友們要不就是像自己一樣，用她們的話來說，就是「蕩婦」，或者試著加強這種自我保護的姿態，而成為「男人婆」。雖然這兩種類型是截然不同的，但都是藉由認同女性／男性世界當中誇張可笑的部分，來閃避面對女性特質到底對她們個人代表什麼意義的複雜問題和危險時刻。這兩種類型都反映出可能是想要找到其他方案，用以取代主要的女性特質典範——也就是自己的「母親」。但這兩種方式同樣反映出女孩們不是想避開，就是太早處理青春期所強加在自己身上的種種現象。這樣的方式通常都是暫時的，就像蘿絲和艾瑪一樣，多少在青春期中期就會有所改變。但是，同時間，家長們也會覺得孩子在測試自己的極限，因為他們是故意這樣做的。

> **貼心小叮嚀**
>
> 這個時期的女生比男生較為成熟，她們通常喜歡和比自己大個兩、三歲的男生來往。

> **貼心小叮嚀**
>
> 女生的叛逆行為通常在青春期中期就會慢慢地消失不見。

家長的支持與放手

　　父母通常覺得自己才是受到這些焦慮行為折磨的對象，而非心存疑慮的青少年。在很多情況下，的確是這樣，而且是極度苦惱累人的。在這個年紀，主要的心理機制之一是投射他人討厭或不自在的感受，以此暫時減輕內在的緊張或衝突感。因此，家長們通常是替孩子承受了焦慮和被排擠的後果。父母必須找到一些方法，能夠承受在多數時候自己並不知道發生了什麼事情的心情；讓孩子能夠產生安全感，儘管對家庭有許多的毀謗和辱罵，仍然覺得家庭是個天堂；能夠知道孩子實際上做的事情，雖然會多麼受傷和擔心，但仍然不會被嚇到，也不會覺得被拒於千里之外；能夠了解現在這個「愛小題大作的女生」和「冷酷無所謂的先生」，仍然是之前及未來都覺得自己是沒人了解、無所依靠、身處危險當中的那個膽怯孩子。

　　對父母來說，處理這些狀況是相當艱難的，首先要認知直接禁止孩子們的所作所為，很有可能會導致背地裡的叛逆行為，或陽奉陰違的態度，而過度的包容又會讓孩子不停尋找方法來測試底限，容易讓他們偏離軌道。在這一方面，家庭的權威就非常重要。關於如何讓青少年自我規範行為，通常在以下兩者之間有許多的不同，一是本著愛與尊重的權威性，另一則是建立在不信任和灌輸恐懼的獨裁主義方式。後者會因為青少年的失敗而威脅恐嚇他們，要他們負起責任，責怪他們的表現落在標準之下，甚至

責怪他們不再愛父母親了。因此，當父母親是利用不信任、威脅恐嚇和禁止的方式傳達出自己的焦慮時，可能會得到反效果。青少年在自我發展和自我定義上持續冀求的渴望，常常會與在脅迫下所得到的承諾相互抵消，甚至鼓勵他們犯下某些令人

如何讓青少年自我規範行為，一是家長本著愛與尊重，對孩子行使父母的權威，另一是家長不信任孩子和灌輸恐懼給孩子的獨裁主義方式。當父母採用第二種方式時，可能會適得其反，造成親子衝突或孩子的陽奉陰違。

震驚的欺騙行為。儘管面對挑釁的行為和種種困難，許多家長仍然找到方式，支持孩子們度過這個建立內在認同和自我克制的艱鉅過程。在這個階段，可能有許多的失敗挫折和災難不幸，相較於被允許可以做的事情，那些父母所禁止的活動往往才是孩子們最感興趣的。

　　一個十五歲的孩子回想當年他和弟弟都不太可能有興趣參加一個由十三歲少年所組成的大型狂飲社團，因為他的父母們從來沒有限制他們飲用酒類飲料。這對兄弟從很小就開始在一些正式場合喝加水沖淡的紅酒。「或許」他補充說道：「那種態度是有幫助的，因為覺得爸媽夠了解我們，會給我們一些指引，但不會一直嘮叨碎念。」

　　相反地，另一個孩子來自於教育水準較低、但很有野心的家庭。他才剛獲得劍橋大學優等生的成績，回想自己在私立學校靠

領取獎學金求學，準備各級學校入學考試、大學聯考和大學期末考時的種種辛苦，他說：「這是我為父親做的最後一件事。」到這時候，他才開始進行遲來且更加辛苦的青少年發展過程，釐清自己到底想要成為什麼樣的人，除了成為一個聰明的學生和聽話的兒子之外，真實的自己是一個什麼樣的人。他得到了許多協助成為父親想要他成為的樣子，相對地也付出了代價。

柯曉東／攝影

第六章

青春期風暴

孩子在這段期間自我探索的中心思想是關於愛和失去

是一種要和父母分離時的原始情緒。

在這過程中，無可避免地會承受衝突、悲傷、失望和焦慮；

特徵是很容易極端發展，當探索的行為失去掌控時，

令人擔憂的問題便會出現。

通常的困難是不知道底限在哪兒，

哪裡「該收手」，哪裡又是「超過」了。

這也是家長辛苦之處，會引發強烈的感受；

若能與青春期的自己有所交流，

重拾當時的感受，絕對有助於了解眼前這位青少年。

十二到十四歲這階段的發展，主要的任務是形塑出孩子的原貌。在自我探索的道路上，無論是對青少年，或家長，或學校，或團體當中，若超越可以忍受的界限，即可能出現令人擔憂的行為。這些可能會在行為上反應，也可能在心理情緒面上展現，包括反社會行為、感到絕望、犯法行為、強迫症狀、嚴重的自我傷害，或非理性反應等。

自我探索慾望的中心思想是關於愛和失去——是一種要和父母分離時的原始情緒。在這過程中，無可避免地需承受衝突、悲傷、失望和焦慮。特徵是很容易極端發展，當探索的行為失去掌控時，令人擔憂的問題便會出現。通常的困難是因為不知道底限在哪兒，哪裡「該收手」，哪裡又是「超過界限」，無論是電腦遊戲、飲食、毒品、酒精、性行為、整齊清潔程度、學校作業或其他的事物等等。

這也是家長特別辛苦之處，強烈的感受不一而足，生氣憤怒、丟臉尷尬、罪惡感和悲傷苦惱，令人更不想正視這些狀況。而這些感受也許是溝通上的重要因素，往往也會讓真實訊息變得模糊不清。

若想要掌握溝通的實際內容，需要了解與包容問題本身。困難的是，這很容易演變為抹殺思考和意義的極端行為，而著重在行為表面與應對的方式。青少年在十二歲開始獲得更多自由、獨立性和責任感，他們很渴望這些，但也因此常會製造許多問題和偏差的決定。路克透露說：

　　我有時會變得很沮喪，一部分的我知道可以掙脫這樣的情緒，但我又不想掙脫，我有點喜歡這樣，我想我真的很想要我媽來照顧我。

　　這樣的感覺非常強烈深刻，唯一能做的就是表現出來，即「付諸行動」。這樣的「行動」是內在痛苦的反應，通常與外在和能夠理解的壓力有關，但就像它所顯現的，並無任何明顯的起因。許多十二到十四歲青少年，不知道自己為何會突然有那樣的感受，之後感覺更糟，卻沒能看出任何原因。常常，這個世界突然看起來是如此無望和乏味，一個小變化就可能驟然改變一切。

　　有一次，十三歲的卡蘿狠狠發過脾氣後，感覺很沮喪──卻不知道為什麼，什麼都不對勁，很無聊。面對朋友，自己像個局外人，整體來說，糟糕的不得了。幾分鐘之後，郵差送來一份雜誌特刊，是之前郵購的。她整個人亮了起來，「我想大概是訂購的雜誌還沒來，而覺得有點失落吧！」這似乎是一個不太有說服力的案例，我們看到原本存在的焦慮很快地轉換成普通的挫折和滿足。

　　更值得注意的是，不只是訂閱的雜誌未能準時送達，若換作是朋友沒能依約準時抵達，或朋友不願按照原來安排的活動，臨時改和其他人消磨時間，或當大家都受邀去參加派對，自己卻沒有收到邀請函等等狀況。在這個年紀，處理這類挫折和失望的能力通常與許多面向有關，而這些面向也和事件本身的風險有多

大，和可能造成多大傷害，或會引起哪些毀滅性行為有密切關係。首先，如之前提到的，青春期對不同孩子有不同的影響。有些人會經歷突然且戲劇化的強大情緒，包括憤怒、侵略、激動和慾望，以及因此承受無法控制的衝動；沒有如此強烈的情緒及困擾。而處理控制這些新情緒的能力，無論強度大小，多少取決於：能否與他人溝通自己的感受、對這些情緒的了解程度，以及自己在家中的既有表現。有些孩子覺得爸媽對自己努力想要傳達、溝通的事情，理當要適切且有智慧地考慮和給予回應。他們知道若還無法處理個人情緒時，至少有人能在精神上幫忙「承受」自己的感受。青少年也會逐漸發展出這樣的能力，透過思考，採取行動，便可以「承受住」自己的感受，而不會突然發狂、崩潰或被這些情緒所征服。

父母本來具有這些能力，例如，孩子在嬰兒時期的麻煩情況，給予寬容、接受和回應；類似狀況會在青春期重現，父母再次接受嚴厲考驗。這時孩子的衝動特別強大，因應的方法是嘗試將之投射到他人身上，試圖擺脫難堪的感受，一是讓其他人直接感覺自己的情緒，二是將這可怕的感覺傳給他人。若家長能再次以同理心來容忍和認同孩子，處理類似嬰兒時期爆發的種種憤怒、關愛、絕望和依賴情緒，將有助於孩子建立自己行為的界限。對青少年來說，若是能讓父母相信自己是有能力可以做到，他們會更堅強和有勇氣謹守自己的界限。讓孩子知道爸媽基本上是相信自己，並在困難中會適當支持自己時，可協助青少年培養

出莫大的自尊心。

　　然而，認為父母會支持的信心不應發展成縱容和放任行事。另一方面，家庭的立場如果太偏頗，比方明顯不信任或懷疑青少年，或讓對錯之間的差異呈現模糊或難以理解的禁止規範，都缺乏幫助和建設性。無論是哪一種，對習慣如此極端教養方式的孩子，通常在自我行為與衝動的控制上都會特別的困難，因為他們缺乏真正可以區辨對錯的內在規範（「守護天使」），以為遵循。在面對特別寬容的家長時，他們可能變得更有罪惡感，對自己要求過高，並在這兩者之間掙扎，一是放縱自己的需求，另一是憎恨自己的行徑。然而，在面對過於嚴格的父母時，他們可能以一種「以牙還牙」且欠缺考慮的反應方式對其他人懷著報復的心態。

　　家長必須夠分辨需要和想要之間的差別，什麼是重要的，什麼又是不太重要的；誰可以堅持自己認為是正確的事物，儘管過程中可能需要經過一番爭吵；誰又能協助孩子培養出類似的能力。在青春期，試著培養這樣的能力是相當重要的，即使有時已經瀕臨崩潰的邊緣。

　　一個家庭裡，若父母都無法控制自己的衝動，相對地也會讓青少年很難自我控制——凡事不是過度，就是不足。過於嚴格死板和專制的家長會無意間促成孩子走上極端路線，並相信自己的所作所為僅是為了探索極限而已。

　　十二到十四歲是身體變化最大的時候，伴隨情緒與關係上的

波動起伏，既陌生又夾雜興奮與恐懼感，因此對青少年本身和家庭或學校中的其他人，都是特別巨大的挑戰。所以，一點也不必驚訝十四歲這個年紀會是「無意識地用行動來表示或發洩受壓抑的情緒狀態」的巔峰時期。

請發現，我偷了東西

十四歲的蘇珊曾經被逮到偷竊。學校老師詢問蘇珊母親為何她穿戴昂貴衣服和珠寶到學校來，此事才浮出檯面。老師相當擔憂，並非想要懲罰她，因為她知道蘇珊有好一陣子不太開心，建議她與諮商老師談談。老師的態度讓蘇珊願意分享心裡的想法、感受，相較於蘇珊之前偷拿媽媽一些小物品和一點零錢，這一次比較嚴重，她偷拿外婆的錢去買昂貴的衣服和戒指。蘇珊提到有一次她的朋友偷東西，但她卻替朋友頂替責罰，老師才發現蘇珊可能希望被注目，也因此她會明目張膽穿著偷錢買的衣服到學校上課。

老師把這樣的想法告訴蘇珊，她也同意老師的猜測，開始哭訴自己這幾年來的遭遇。這個行為是從母親男朋友兩年前無預警地搬進她家開始，蘇珊的父親在六年前去世，她當時覺得不但失去爸爸，也沒有了媽媽，且沒有任何人關心自己。蘇珊在家時常悶悶不樂，她和母親在媽媽男朋友面前公然做性方面的競爭，讓

她備感煩惱。蘇珊了解自己正把媽媽逼向極限，並試圖破壞她和男朋友的關係，但她無法克制自己。在需要幫助克服失去親密伴侶的失落感時，母親是奔向男友的懷抱，而不是與女兒兩人相互取暖，尋求慰藉，蘇珊為

> **貼心小叮嚀**
>
> 青少年的偷竊行為包含三項目的，重新找回失去的東西、強化自己不夠好的地方，藉由被發現而得到懲罰以減少罪惡感。

此相當絕望——沒有人可以了解或承受她的需要。她非常生氣，覺得自己被遺棄了，甚至考慮過要用自殺來報復母親，讓她「後悔」，但是，「不知道為什麼，」蘇珊解釋說：「我最後改用偷東西。」

　　老師建議蘇珊的媽媽和男友一起到學校來討論。當母親得知女兒是多麼地不快樂時，她非常難過。她曾猜測蘇珊是在嫉妒自己的男友，但她以為蘇珊會因此長大。她表示蘇珊在父親去世時並沒有顯露太多哀慟情緒，她以為女兒已經從失去父親的傷痛中平復——對媽媽來說，她表現得像個可以依賴的對象。她表示由於當時太過悲傷而沒有注意到蘇珊的狀況。

　　蘇珊的嫉妒當然是相當巨大的感受，但此外，還可以探討隱藏在對父親的哀傷與失親之下更深層的情緒。蘇珊一開始試著藉由照顧母親來克服這樣的感受，因為這是她認為可以得到相同對待的唯一方式，也就是利用自己所需要的方式來對待母親。當媽媽的男友取代了自己的角色，蘇珊覺得再沒有東西可以給母親。

她訴說和媽媽之間的競爭、憤怒，甚至是憎恨。這種陌生的敵意讓她覺得罪惡感，且相當疑惑。此外，當自己在性方面逐漸發展成熟之際，媽媽了新男友。她無法接受，並擔心自己是否能像媽媽那樣有魅力，可以交到男朋友。

蘇珊的偷竊行為，可以視為一種想要從母親和外婆身上重新獲得某些她認為失去且屬於自己的東西。或藉由某些物件減少焦慮——例如女性化的物品，她認為擁有這些物品能夠強化自己的「形象」，以及吸引男孩子們。偷竊對她而言還有第三個功能，可以得到懲罰以減輕罪惡感——不是關於偷竊行為本身，而是對媽媽和其所擁有的親密關係做出攻擊性這件事。

偷竊行為是悲痛哀傷的警示——因為沒人注意到蘇珊最初想傳達的訊息，於是她需要逐漸增強訊號。幸運地，在這個案例中，老師很快解讀出偷竊背後所代表的意義，並和她討論，讓她不再強迫自己繼續偷竊而犯罪。

偷竊是反社會行為之一，十二到十四歲孩子的父母發現這個時候經常需要面對孩子挑戰權威、調皮搗蛋，或甚至是犯罪等脫序行為引來的懲罰，因此認為應該給予更嚴格的管教。但這些行為的背後往往有檯面下的原因，通常是隱藏衝突、矛盾、困難或煩惱。了解這些偏差行為真正的意義，並以適當的方式解決，對家長來說並不容易。因此經由細心體貼的第三者，例如學校老師，釐清如何做對孩子才是最好的，通常會很有幫助。

▎酒與毒品的誘惑

　　未成年飲酒、嗑藥，如吸食強力膠或毒品是青少年另一個問題，也是大多數家長不想去面對的：無論是針對孩子的擔憂，或對這些事情的印象，以及要如何處理。跟偷竊一樣，它代表許多不同的意義。相較於我們一味焦慮、禁止或完全忽視，若能嘗試去了解孩子為什麼會喝酒、嗑藥、吸毒，絕對更有幫助。

　　青春期的衝擊對許多青少年來說，可能都「太多了」。喝酒和嗑藥吸毒是解脫或逃避的方式之一，是這個年紀很難抗拒的誘惑，他們藉此改變心情來閃避生活中讓人擔憂、討厭的各種面向，也讓自己及世界看起來更容易掌控和有趣。這個年紀的男生特別容易產生不快樂、無能為力和自卑感，這也是他們壓力和衝突的來源，尤其正當女孩們越來越能掌控、有自信和有能力之際。然而，這也可能和青春期渴望新經驗有關，他們認為這類經驗會讓自己獲得更重要的自我發現。

　　另外，當面對家長責難時，孩子可能利用毒品和酒精來反抗，尤其朋友當中有不少人採用這種方式與態度時。食用微量的藥品或酒精會帶來某些愉悅感，然而，若超量食用，就如同輕微的自我傷害、犯罪及不良行為，雖然它可讓人誤以為無所不能，也能獲得興奮感，或變得漠不關心、不在乎後果，以及偽裝自己已經成熟、長大和獨立，不需要經歷成長的痛苦。藐視社會規範讓青少年獲得崇高的地位，特別是吸食毒品和酗酒，象徵自己對

某些事物是「冷酷無情」和「無所謂」的，然而這些事物也恰好是其他同年紀孩子覺得複雜和麻煩的。

　　父母對此較適當的反應是先了解事實，了解不同的藥品或毒品的實際危險和影響，由此辨認出孩子發出的警訊，並清楚自己的擔憂是否合理。

　　十四歲的莎拉，已經吸食大麻一年，是從姊姊那兒來的。她有一次和爸媽一起看電視，電視播出青少年嗑藥吸毒。母親表示：「這些人的爸媽是怎麼了？如果你們這樣做，我們一定會知道的。」莎拉的爸媽不認為女兒對毒品會有任何了解和接觸。或許他們從來不留意相關的徵兆。無論什麼原因，父母對此的忽視，短時間對女兒可能是一種解脫，帶有勝利的意味。但當她們癮頭越來越大，終究曝了光，而且得不到家中任何諒解或支持。這個家庭在憤怒和痛苦中爆發巨大的衝突，這個痛苦過程揭發一個必須面對的事實，長年以來，這個家庭一直缺少真正的溝通和情感的交流。

　　相反地，喝酒和嗑藥吸毒也「可以」是自我探索中較有助益和建設性的一部分，用來質疑家庭與社會慣例的一種方式，像是告訴父母親：「你怎麼會認為哈

貼心小叮嚀

　　喝酒和嗑藥吸毒是一些青少年用來解脫或逃避的方式之一，是這個年紀很難抗拒的誘惑。他們藉此改變心情來閃避生活中讓人擔憂、討厭的各種面向，也讓自己及世界看起來更容易掌控和有趣。

草是很糟糕的事？你每天都在抽菸喝酒毒害自己呀！」這種具青少年特徵的質疑與挑戰，並非代表孩子要自我毀滅或逃避現實，他們只是在經歷挑戰規則的時期，一個接受自我、適應自我的必要階段。青少年正在尋找，或根據自己的經驗去取得結論，而非藉由父母的教導。

的確，在十二到十四歲這階段，很多孩子會與父母起爭論、自我辯解或抗議反對，其實是希望自己個性上明智、合理的部分能夠得到支持與了解。因此，這些爭論其實表達的是某種對立──有部分的自己希望能夠非常有紀律，其他部分則是忙著藐視與嘲笑。這種角色顛倒很有趣，雖然常常讓很多家長氣憤不已。青少年們會採取強硬的態度，對爸媽的習慣方式持反對意見，堅持唱反調來嘲笑父母。

藥品文化對任何青少年家長都是恐怖的，擔心由「哈草」或「吸大麻」進展到更嚴重的毒品，或害怕共用針頭而染上愛滋病。父母會不斷付出代價來學到一件事 ──「禁止」代表的就是「邀請」，如同其他議題一樣，自己是無法控制孩子的。除了為孩子解釋吸毒的風險和後果之外，更需要思考自己的立場和抱持的態度。父母親需要注意自己的「癮頭」對孩子來說代表什麼意思──香煙、酒精、安眠藥、鎮定劑，甚至是過度工作，也必須深思之前所提到的動機與需求，每一種毒品對孩子所代表的意義是什麼。

格林太太驚恐地打電話問朋友，說她先生因臨時有事回家，

竟發現十四歲的兒子尼可拉斯和幾個朋友不在學校上課，而在家中吸食大麻，她該怎麼辦？

　　我知道他是有點莽撞、不守規矩，他十二歲，發現他抽菸，我們就知道要嚴格管教，但尼可拉斯說他戒煙了──現在他抽大麻又是另外一種情況。

　　格林太太表示已禁止兒子接觸這些東西，但不確定他是否遵守，「他變得陽奉陰違，我真的不能完全相信他。」兩個月後，另一位母親打電話向格林太太告狀，因為尼可拉斯在學校提供興奮劑給同年級學生。這位母親質問格林太太：「他哪來的錢買這些東西？」原來尼可拉斯每個月都有零用錢，當格林夫婦得知兒子吸毒，卻毫無警覺，繼續提供尼可拉斯金援，完全沒有意識對孩子的影響。

　　家長發現可能在不知情的情況下，用兩種方式資助孩子們吸食毒品或嗑藥──孩子不是偷父母的錢，就是訴諸威脅或暴力。當孩子被毒癮控制時，限制零用錢的作法就不可行了，父母面對孩子的毒癮發作，強烈的挫敗和絕望猶如疾風般襲來。這種狀況在十二到十四歲

貼心小叮嚀

青少年的衝突和壓力來源是不快樂、無能為力和自卑感，這些往往也是他們使用藥品的原因，禁用之後，父母必須正視這些感受。

這個年齡層中越來越常見，家長們簡直嚇壞了，相當無助。這時尋求外援是必要的，雖然不會馬上見效，往往要到即將造成無法挽救的傷害和失敗，才能從危險邊緣將孩子們拉回來。

像安妮這樣特別的青少年，才能對父母明確說出她的願望與焦慮。安妮最近跟一群十四歲的青少年相處甚歡，這群人常吸食迷幻藥。安妮有點想試試看，不過她的朋友曾因吸食迷幻藥而經歷很可怕的過程，讓她有點擔心。因此，安妮問爸媽若自己嘗試吸食迷幻藥，他們會怎麼想。

如同許多十二到十四歲青少年的行為和體驗，藥品或毒品的文化是隱而不宣，私下進行，把答應父母的承諾拋在腦後 —— 這件事本身的神祕性是造成吸引力和愉悅感的重要來源。對藥品或毒品的沾染程度有很大的差異，這個年紀有些已經成癮，有些可能僅是淺嘗而已，有人則是把它當作加入團體的門票。

安妮的哥哥偶爾會抽大麻，爸媽對此抱持寬容的態度，對於像「迷幻藥」或「搖腳丸」（LSD）的成分和影響有大致的了解，但仍很模糊。針對安妮的問題，他們實際去了解這些藥物的相關訊息之後，感到相當擔心，並把這些藥物可能造成的影響和危險訊息告訴她。經過討論，儘管有來自朋友的壓力，安妮還是決定拒絕這個誘惑，因為父母體貼和支持的態度，讓她覺得鬆了一口氣。

▌用大吃／拒吃發洩情緒

　　嗑藥吸毒都屬於自我傷害的一種方式。雖然在這個年紀，嗑藥吸毒對男女生影響都一樣，但與喝酒不同，男生較難以抗拒吸毒的誘惑，尤其是在面對智力或性徵上都比自己優越的女生，或面對那些在體育上有成就和「在街頭打混出名」的同性男孩時。另一方面，飲食失調上的問題，雖然也有少數男生會遇上，絕大多數是發生在女生身上。基於對自我的認知，或自以為是的想法，以及對健康的種種理解等，都會形成青少年的許多觀點——最好能表現比他人更清楚理解事物，和高人一等的姿態。飲食觀點就是其中之一。舉例來說，許多十二歲的青少年會因不同動機開始吃素。另一方面，青少年可能模仿父母的態度而抱持高道德標準，嘗試說服他人認同自己在倫理道德、政治或經濟上的偏好或主張。隱藏在內在的動機是希望有建設性和可補救的，例如希望透過環保的方式來保存和修復「養育萬物的大地」。

　　某種程度來說，對食物上的某些堅持可能是想要與眾不同，以及想要突顯自己的個性，但或多或少還是要融入一般的生活價值觀中。相較於有充分理由的飲食改變，如吃素，實行長壽飲食法等，有些女孩子選用一種更麻煩的方式呈現。絕大多數十二到十四歲的青少年都不太滿意自己的長相——男生的感受絕不亞於女生。由於男生在青春期的變化，傾向在身高、體格、體能和精力的增長，增加自己對男子氣概和力量的感受。對女生來說則完

全不一樣，青春期帶來豐滿的身體曲線、渾圓的臀部、隆起的胸部和體重增加，這些改變又比男生早開始，因此，對很多少女來說，青春期的成長比較是向「外」長，而非向「上」長。對失去之前的體型，以及不願意身體有新變化，加上從孩童明顯蛻變成女人，再也不能像男孩子那樣頑皮孩子氣了。很多十二歲女生對新身

有些青春期孩子會用大吃大喝，然後再吃瀉藥、催吐來清空腸胃，大都是反應或補償很糟糕的心情，尤其是女生，她們或許是害怕失去某些事物，而對食物的厭惡（厭食症狀）是一種展現自己能控制生活的方式，因為從小到大都是別人再操控自己的生活（尤其是媽媽），害怕自己在生活上會失去方向與掌控權。

體既害怕又憎恨，擔心變胖，決心減肥。這個問題因外在因素而更加嚴重，例如食用速食的機會增加，也常接觸到與飲食有關的意見或建議。

　　纖瘦體型仍是主流，這個年紀的少女們開始擔心吃了多少，以及哪些種類的食物，於是開始挑食，限制自己只能吃某些東西，最後選擇餓肚子。有些是大吃大喝，然後吃瀉藥或催吐，清空自己的腸胃；這或許是對自己很糟糕的心情反應或補償，也或許是害怕失去某些事物的反應行為。這是簡單的想法，對食物的厭惡（厭食症狀）可能是一種展現自己能控制生活的方式，因為從小到大都是別人操控自己的生活（尤其是媽媽），害怕自己在

生活上會失去方向與掌控權。

　　拒吃或大吃，在潛意識裡是相當複雜的，通常不是單一的外在誘惑，或一般常識和爸媽那種模式可以解釋清楚的。混雜許多感受，包括分離與個人化之間，野心與自主之間。站在心理學的角度，限制攝取過多飲食可能是制止性成長，同時也無情地控制各種不同的感受，包括罪惡感、應得但未得到的權利、不為人知的成就感、對卓越成就的需要、透過激烈競爭謀求更好表現，和殘酷要求生理上的（虛假）完美。這些極為重要的感受，無論是一個或全部，基本上都與焦慮感緊緊連在一起，而這些焦慮則與母親的牽繫，智力體能的發展，道德觀、智力與個人扭曲且充滿競爭的「成長」有關，換言之，就是青春期初期的種種困擾。

　　飲食問題若偏向暴食症——強迫進食也是，這樣的困擾可能表示空虛，以及在自我發展過程中，缺少或失去重要的人事物，或面對某些事物無可挽回地失控，或代表以上所有的狀況。暴飲暴食可能是想填滿內心的「空洞」，或想要控制匱乏的恐懼害怕，和想要盡早阻止災難發生。

　　飲食問題是一種警訊，顯示在自尊、自我價值和自我評估上面臨相當重大的基本難題。不管是暴食或厭食，對少女們來說，都和痛苦和自我憎恨有關，目前這類問題在十二到十四歲階段越來越嚴重。

　　例如吃太多食物，或不吃東西，或只偏好某種食物和奇怪的飲食習慣等，父母親很難不對這樣的行為沒有激烈反應，尤其是

媽媽，要不覺得被拒絕，不然就是覺得沒有用對方法提供孩子正確的食物。母親面對看起來很荒謬和嚴格的飲食偏好，幾乎無法控制自己的煩躁和怒氣。她們也會為何時讓女兒自己決定飲食方式，或何時該開始擔心這些事及尋求幫助而煩惱。以母親的立場來看，食物的爭論是不可以含糊帶過，除非能夠抱持寬容的體貼心態，不然，可能會演變成其他爭議：少女常會將「我討厭我的身體，所以我討厭我自己」這樣的感受，轉變成「我討厭你，也討厭你提供的東西」的表達。

▌亂七八糟的性關係

就像飲食失調與藥物毒品一樣，混亂的性關係有其危險性，包括相互傳染的性病或懷孕，這些本是年紀較大的青少年才有的問題，目前在年紀較小青少年族群中也越來越常見，尤其是女生。在十二到十四歲這個年紀，混亂的性關係明顯是個自我毀滅的危險方式，用來表達許多的感受——害怕、分離焦慮、孤單、自我厭惡、沮喪、愛的需求、渴望冒險，或想快點「長大成人」——還有許多青春期發展過程中對於不確定性的痛苦經歷。現今，混亂的性關係，尤其缺乏保護措施的性行為所帶來的危險，包括愛滋病毒、披衣菌感染、梅毒，以及其他許多可能致命的後果。有時從事性行為可能是青少年自我追尋的方式之一，他

們在此過程中想找到自己是誰，自己又想要些什麼，以及會有怎樣的感受。如果是與很多對象發生肉體關係，彼此卻沒有親密的情感或做好避孕措施，意味某種絕望或失落感。無論孩子是否真的知道自己在做什麼，都是想尋求協助，或想獲得他人的注意。最重要的是，父母要努力去了解這些行為背後所代表的意義，本身對性關係也需抱持正確的態度，要能真正在心理與情緒上支持孩子。

十二到十四歲青少年所從事的活動，和充斥他們心思的事物，可能會遠超過他們能力所能控制的範圍。通常原因都很類似：因對該階段所產生的陌生感而沮喪，想逃避這些感覺，又怪罪對自己有幫助的人，也就是父母親，現在毫無作用。對家長來說，很難接受孩子不再向自己傾吐心事，尤其是單親家長。或許，只要了解其中的發展過程，以及在某個階段讓孩子做自己，對雙方都會有意想不到的幫助。現在，「做自己」等同於讓行為作風和父母親完全不同，或有別於爸媽心目中的樣子。

對家長較困難的是，追憶自己在十二到十四歲這年

貼心小叮嚀

在十二到十四歲這個年紀，混亂的性關係明顯是個自我毀滅的危險方式，用來表達許多的感受——害怕、分離焦慮、孤單、自我厭惡、沮喪、愛的需求、渴望冒險，或想快點「長大成人」——還有許多青春期發展過程中對於不確定性的痛苦經歷。

紀時的心態。雖然時光背景可能有極大差異，但若能與當年的自己有所交流，重拾當時的感受，有助於了解眼前的青少年。父母或許會意外發現，埋藏已久的早期經驗，竟會影響自己對青少年孩子的對待方式，更訝異於自己和青少年孩子相處的模式，幾乎完全拷貝自己當年和父母互動的方式，那時是很討厭這樣的方式。記起當初的感受，可以協助不要重蹈覆轍，避免發生相同的衝突和爭吵。如此，或許能讓孩子自由建構更有效的自我表達方式，並在安全和關愛的情境中，鼓勵孩子繼續發展獨立性。爸媽也許會更進一步察覺，其實自己相當認同十二到十四歲孩子的反應，意外地拉近親子距離，畢竟口頭上說要和青春期的孩子當「最好的朋友」，還是不容易得到孩子的信任的。

　　現在我們知道許多問題在青春期中期之後變得更加嚴重，可能是在十二到十四歲這個階段種下禍根。我們也看到，了解孩子在這個時期的經歷是非常重要的，以免對食物一時的偏好變成大問題，以免空虛感變成漫無目標和絕望感受，以免自我厭惡變成嚴重的自我虐待，包括自殘、使用藥物毒品、混亂的性關係和許多自我毀滅的方式，這些選項只會讓之沈淪。請不要忘記，繼續以愛支持這些彷徨少年，不快樂和困惑的青少年們更加傷害自己，而大人在擔憂。

黃玉敏／攝影

第七章

我的家庭真可愛？！

這個時期的問題是，孩子感受到一股拉力，

將自己拖離父母親（尤其是媽媽），

同時間卻又有另外一種力量將自己推向他們。

青少年發現很難解決內在的衝突，

也發現自己的行為會被外在社會壓力所左右，

以致做出一些自己都很陌生的舉動。

他們想要繼續留在小時候，

有人可以幫自己做某些事情，

但又想要擁有大人的特權。

青少年會尋找方式來適應這個陌生的階段，

他們探索真實自我，

可能與自己或爸媽原來期望的不一樣。

每一個步驟不只伴隨著某種喪失，慶幸的是也會有所得。

家庭生活一直都是孩子生命的重心，和它逐漸疏離是很痛苦的。孩子在這個過程中表現出的殘酷或隨便的態度，通常都是想要掩飾這背後的煩惱和悲傷。以往給予答案的那些人，現在卻無法對自己焦慮或感到困惑的事物提供建議或意見，而這些事物又較以往經驗更為急迫和可怕。孩子覺得再也不能仰賴他們的原因有二，一是實際上他們不能再像以前那般，讓每件事情都能以適當方式處理，二是這樣做主要是維持一種親密感，但這種感覺卻讓孩子害怕、反感或討厭。一個傷心又幻滅的十四歲青少年非常失望地表示：「我發現他們並不能幫我過生活，我必須靠自己。」

十二到十四歲這個階段的問題是孩子感受到一股拉力，將自己拖離父母親（尤其是媽媽），同時間卻又有另外一種力量將自己推向他們，而青少年找到處理這個情況的方式往往無法相當明確，也不容易維持很久。他們發現很難解決內在的衝突，也發現自己的行為會被外在社會壓力所左右，做出一些自己都很陌生的舉動。家長們常會發現以下的混亂狀態出現在青少年特有的行為上，他們想要繼續留在小時候——有人可以幫忙做某些事情（如清理房間、準備早餐等），但同時又想要擁有大人的特權（如晚睡、擔負責任，但萬一沒辦法完成任務時，可以被原諒，否則就得挨罵）。

> **貼心小叮嚀**
>
> 青少年的心聲：「我發現父母並不能幫我過生活，我必須靠自己。」

　　十四歲傑森的媽媽對於兒子不斷抱怨自己從來不在家這件事情很困擾。母親問傑森，反正他一天到晚都和朋友在外面，為什麼自己在不在家有這麼重要。傑森回答：「這不一樣，無論我在不在家，我就是想要你留在家裡。」難以承認的事實是，有個「在家裡照顧小孩的媽媽」，孩子才能夠自由地和朋友在其他地方探索生活的各個面向。覺得母親在家裡而感受到的安全感，對傑森來說是個先決條件，讓他可以繼續試驗一種不同於興奮又令人擔心的自由，傑森的朋友既存疑又喜歡，這些朋友沒辦法指望關心他們的家長提供這種感覺。

　　因此，在剛開始時，這些「不再是小孩但也還沒完全長大」的青少年可能需經歷許多父母不知道的事情，而這些過程是有其必要性的。當家長開始面對這些新狀況，無論願不願意承認，都會痛苦又清楚知道孩子正進入他們的私世界裡。青少年的希冀與恐懼，焦慮與衝突會逐漸增加，並發生在與朋友的關係上，讓他們在友誼上掙扎，而這些朋友也面臨和自己一樣的情況，甚至有朋友可能要獨自面對。對爸媽來說，要清楚了解自己能做什麼，就是當孩子希望透露心事時，能夠有時間陪伴他們。青少年可能希望家長繼續扮演原來的角色，留在家裡並在自己需要時給予回應。同時，父母可能會覺得自己是沒有任何用處、愚笨的、讓人尷尬的、多餘的或煩人的，就像在一般社交場合中需要容忍或迴避的對象。有些日子或有些時候，孩子會希望父母是上述其中的一種樣子，而其他時候，則又希望他們是另外一個樣子。家長可

能需要不停提醒自己，孩子在這個年紀主要的任務是分離，這沒有時間表，也不會以特定的方式發生。

貼心小叮嚀

家長們可能需要不停提醒自己，孩子在這個年紀主要的任務是分離，這沒有時間表，也不會以特定的方式發生。

父母可能會發現自己逐漸相信：「孩子們再也不需要我了，也不會用以前的方式和我講話，就算我在他們下課後或晚上留在家裡也沒什麼作用了。」然而，孩子們的回應可能像傑森一樣：「但我想要你留在家裡，萬一我需要你怎麼辦？」簡單來說，這就是提供孩子一個合理可靠的後台或基地，讓他們可以從此出發，前往外面的世界。何時要熟練地介入，何時又要表現出完全不感興趣，要能找到這當中的微妙平衡，並不簡單。可能的狀況是，讓父母不得不接受自己無論怎麼做都不對，這是很重要的事情。這是分離過程當中相當掙扎的一部分，並且要忍受當中的痛苦，有時需讓孩子覺得即將要離開的那個環境是不值得擁有的，才能完成這個分離的過程。十二到十四歲青少年具有一種特別能力，這個精心磨練的能力在很多時候讓家長覺得自己沒有用處又相當無助。在不久之後，或許可能需要長一點的時間，青少年和家長可能會在彼此之間再建立起不同的關係，但在青春期初期的階段，對父母親來說是個辛苦的經驗，不只感覺自己的存在價值蕩然無存，而孩子或許也會發現自己並不是他們所想的那個樣子，或甚至不認識自己。

脫離父母的羽翼

　　每一次，受傷的家長需要認真思量被忽略或遭受嚴厲批判。和手忙腳亂所帶來的不公平，還要面對自己的缺點，而這些缺點可能是他們寧願不要面對或思考的。原來已經建立好的家庭教養方式和回應模式，在這時候會再經歷一次改變，破壞瓦解和考驗，既有與熟悉的權威模式被挑戰或不再有任何影響力。的確，現在可能會發現這些模式本身是有所限制的、不公平的，或是過時的。

　　這個年紀呈現出的是一個基本且非常困難的挑戰，家長也要有改變的準備，能夠處理自己內在的那個青少年，用成熟長大的那個成人自我，戒慎恐懼且勉強掩蓋住心底的那個青少年。孩子們常會引發爭執，藉此了解父母真實的樣子。通常沒人會喜歡所發現的事情，尤其是爸媽自己。青少年可能會發覺家長的偽善行為和雙重標準，父母則需要認知自己對青少年孩子們年輕、美貌和擁有更多機會的嫉妒。他們可能也需要面對自己難以對孩子放手，或與其分離，讓他們自由單飛。對很多人來說，這當中包括痛苦地了解一切已經不

貼心小叮嚀

孩子藉由「爭執」來了解父母真實的樣子，通常沒有人會喜歡發現的事實，不過，如能彼此敞開心胸、正視自己的問題、找朋友吐露心聲，不嘗是一個增進親子關係的好時機。

**貼心
小叮嚀**

突然之間，在十三歲
左右，不知為何他們不再
屬於自己了——這對許多
家長來說相當有威脅性，
害怕孩子超越自己、遺棄
自己，或不再需要自己。

像青春期之前那樣，那個「孩子」再也不是「自己的寶貝」了。一直到現在為止，都是父母制定規則，做出決定，安排活動，而且是孩子們在需要肯定、關愛、建議和安慰時會去尋找的對象。突然之間，在十三歲左右，不知為何他們不再屬於自己了——這對許多家長來說相當有威脅性，害怕孩子超越自己、遺棄自己，或不再需要自己。他們甚至會掙扎於某些難堪、困擾的事物中，例如，突然被激起對青少年的性渴望。

雖然很少人會意識到和清楚地經歷這些，但這些不尋常和討厭的感受可能隱藏在某些家長的某些反應，與對孩子強烈的限制當中——看起來不合理的規定和刁難，可能隱藏著更原始的佔有慾和情緒化的反應，父母們或許還不知道引起這些感受的起因和原由。另一方面，家長可能會有些困惑，反覆無常和一百八十度的大轉變，這些也會讓青少年們更加辛苦，除非所有人都可以誠實反應所有正在發生的事情。此時，若能夠與一個貼心的伴侶或朋友分享這些壓力和疑惑，會有極大的幫助，也能讓自己感到安心。在這個過程中，甚至當父母的人流露出內在的「青少年」時，也可以獲得他人的協助。

爸媽交了新男女朋友

在新組成的家庭中，無論是一位家長或是兩人，在之前的關係裡已經有了孩子，或正要另組的新家庭中有新的孩子，對此，十二到十四歲孩子會有相當極端的情緒表達方式，尤其是對被怪罪該為婚姻失敗負責的那一方，或是相互責怪的雙方。就如同我們所看到的，這個年紀的青少年是以很誇大的方式來看待事物，他們會以極大的偏見來對待父或母親的新伴侶，只因為他們不是真正的爸爸或媽媽。但偶爾孩子也會覺得新的家長比真正的爸媽更好一點，毫無意外地，這也會引發罪惡感和疑惑。

通常，所有青少年對父母所懷有但不敢表現出來的仇視、敵對感受，會導向到父或母新伴侶身上，其中一位家長的優點會因此被誇大，或被賦予額外的特質，而另外一位則會被大大低估，在每一個場合當中被嚴厲批評和毀謗、中傷。這樣的分法就像在童話故事裡一樣——在現實生活中將父母分成壞巫婆和好仙子，嫉妒的後母與善良的父親。家中有這個年齡層的孩子，會傾向用這種誇張方式分辨好壞，而將所面對的經驗和人物，極端地分成理想中完美的和一文不值的。因此，當分離真的發生或即將要發生時，這種兩極化的感覺會更加真實與確定，我們不用過於驚訝。這樣的兩極化和明確態度對家長和新伴侶來說是特別難堪的，因為碰觸到相當多的原始焦慮和感受。家庭結構的改變，通常會讓孩子們覺得很受傷，但重要的是，不只要認真看待這樣的

傷害，也要試著指引孩子看見其他的可能性，試著不要忽略他們的壓力，或火上加油，增強他們的感受。

十四歲的榮恩，父母親在五年前分開，但當父親開始與女朋友瓊安住在一起時，媽媽仍然很難過，會抓住任何機會批評瓊安。剛開始，榮恩有著很混雜的感受，對父親終於不再是孤單一人而鬆了口氣，因為他可以不用再多花時間陪伴爸爸，替他加油打氣。但時間久了以後，他越來越生氣，因為媽媽對此很不開心，而且父親完全將心思花在新的親密關係上，更糟糕的是，他們考慮生一個小孩。榮恩告訴母親自己不喜歡瓊安了，漸漸地再也無法忍受她，最後進而憎恨瓊安。

一天晚上，榮恩激動地衝進家裡，宣稱自己再也不會吃任何瓊安準備的食物，此時，母親的感受相當複雜。在某個程度上，媽媽很高興兒子不會吃「她」所準備的食物，但也很擔心在此狀況下，支持兒子會有什麼樣的危險。她覺得這樣的情況似乎有點極端、誇張，瓊安看起來是很友善的人，而且很明顯地要努力討好榮恩。榮恩是想讓母親感覺欣慰些嗎？還是因為他覺得自己被瓊安取代了而嫉妒呢？還是他對父親生氣，需要一個理由來抵制父親，藉由排斥他的女友來達成這個目的？或者榮恩對瓊安所表現的情緒，其實是對母親的憤怒與不滿，只是不敢承認？有可能是混合了以上所有的情況，甚至是更多其他的可能性。

相對於自己的衝動念頭，母親決定鼓勵兒子繼續探望父親，但建議不見得瓊安每次都要在場。對她來說，最重要的是不能

把榮恩與父親的關係當作賭注，這段關係對榮恩來說是相當重要的，尤其在這個時候，他對成人世界的許多面向都產生了激烈反應。所以要試著支持榮恩和他父親，並且觀察之後的發展狀況。榮恩的問題有部分可能是看到父親與另一個年輕女人快樂生活在一起，但對象卻不

是母親，而喚起自己對於五年前父母親分開這件事的哀傷。在這個年紀，以這樣的方式重新喚起失去和哀慟的感覺，通常是非常痛苦的。

對瑪莉來說這是常常發生的事情，在瑪莉十四歲生日的前幾個月，她會因為一點點的挑撥而無法遏止地哭泣。朋友們很擔心她，找了個適當時間，告訴班導師。瑪莉一直都是品學兼優的模範生，表面上看起來是個受歡迎和快樂的女生，大家都期望她在大考時會有耀眼的成績。剛開始，大家以為瑪莉是因為最要好的朋友要轉學，以及明年要開始準備大考而不安，瑪莉曾說過她很擔心是否能夠達到爸媽對自己的期望。

在和班導師的會談中，瑪莉透露出自己對於六年前父母親離異時的哀慟和悲傷。老師之前曾聽瑪莉的媽媽談起這件事，母親

說瑪莉當時處理得很好，似乎一點也沒有受到父母離異的任何影響，顯然地，瑪莉當時馬上開始認真念書，並在各方面都表現優異。瑪莉現在的苦惱戳破了媽媽所編織出來的樂觀和不合實際的保護罩。

當時瑪莉的媽媽需要減低與先生離異所造成的傷害，因為她很替女兒擔心害怕，因此將注意力從自己的脆弱感受，轉移到女兒的優點和成就上。瑪莉也藉由專注在學校課業和其他的成就上，以逃避壓力，避免增加爸媽額外的擔憂。但在新學校裡的煩惱和即將要失去好朋友，這些表面上看起來不是那麼重要的事情卻引發了瑪莉以前的難過情緒。這些煩惱也代表了其他的意涵，原來瑪莉天真地幻想著，如果自己真的表現很好，就有可能讓爸媽復合。所以一點點的差池都會讓她害怕，擔心因此造成父母親可能永遠都不會復合的事實。

手足爭吵是家常便飯

在一個經歷過失去或分離事件的家庭裡，即使是一般的問題都可能引起特別緊張、激烈的反應。在多數家庭中，即使很普通的衝突都很容易在青春期初期的孩子間發生，且常發生在一些以往不會產生任何問題的事物上。如零用錢多少、家事的分配，或

得到多少的注意力。

　　因此，十到十一歲孩子與兄弟姊妹之間的關係，和十二到十四歲青少年與手足之間，是完全不一樣的光景。在十二歲時，對權利和特權的敏感度會突然改變，在那之前，與弟妹之間的關係可能是可有可無，不會特別關注某些事情，比如零用錢。不會花力氣去計算強尼比蘇珊大三歲又四個月，因此，強尼到底應該要多拿多少零用錢。然而，在孩子十二歲時，家長可能會面臨一種情況，就像傑克的家庭一樣，孩子們不僅用小氣的態度分配洗碗這差事工作，還遵循一個複雜的制度，把每一個盤子、鍋子和刀具都標上清洗的價格。爸媽失望地描述傑克如何要求自己要有豁免權和特權，以及在許多不太重要的小地方，比如頭髮的分邊方式，雖然沒什麼意義，但煞費苦心計較著自己比弟弟和姊姊厲害許多（弟弟根本一點也無所謂，姊姊比較大方慷慨，不會計較這些）。

　　主要的競爭通常是發生在與弟弟和妹妹之間，而非和哥哥或姊姊。十二到十四歲的青少年對於地位的差異，突然變得很在意，覺得應該要晉升到與年長兄姊們一樣的位置，覺得可以加入兄長們的世界，再也不是個小孩了。他們會開始藐視比自己小的孩子們，有時和他們競爭父母所給予的保護和關注，有時卻又不屑爸媽的付出，甚至還拒絕這樣的好意。羅倫斯如此描述：

　　　　我十四歲時，如果有人找我麻煩，哥哥會替我出頭、支持

我。他會帶我到許多地方去，包括工作的地方。他的朋友會說：
「為什麼你每次都要帶著你弟弟？」湯姆會回答：「如果他不能
去，我也不要去。」這聽起來很爽。

這年紀，突然間要面對有關權利和地位的複雜角力，得非常
努力才能在這當中存活。

為了公平問題和弟妹爭吵不斷，再加上新的緊張狀況，比方
一個無關痛癢的取笑，突然間變成很嚴重的貶抑，反應激烈，容
忍度越來越低，強力反擊。父母們對這些以往可控制的競爭與爭
吵，現在卻變成火藥味十足的衝突情緒，相當無力與失望。他們
希望「這只是一個過程」，實際上也是，但偶爾還是會覺得這是一個超乎想像的挑戰。這樣的苦戰，對青少年不一定是麻煩，比起大人世界，他們認為生理的發展與刻薄的語言還令人安心。

十二到十四歲的孩子面對意外誕生的新生兒，年紀稍大的青少年可能抱持歡迎的態度，因為這引發他們潛在的父性或母性。年紀較小

貼心小叮嚀

十二到十四歲的青少年對家中地位的差異，突然變得很在意。他們覺得應該要晉升到與年長兄姊們一樣的位置，再也不是個小孩了。他們開始藐視比自己小的孩子們，有時和他們競爭父母所給予的保護和關注，有時卻又不屑爸媽的付出，甚至拒絕。爸媽最好的自我安慰是：「這只是一個過程」。

的青少年就不同了，之前可能是家中最小的，現在必須放棄這個位置，甚至變成隱形人。他們可能因此產生強烈的嫉妒，並表現出非常極端的退縮行為，早熟地躲入其他的「世界」裡，或更戲劇化地，有些女生會在這個時候懷孕有小孩。

　　不過，新生弟妹的出現，可能也解決了一種情況，這是很多人遇過的狀況，青少年發現當家中最小的成員也是有難處，很容易扮演失敗者的角色。崔西總結自己在十二歲時的經驗：

　　那真是一場惡夢。哥哥姊姊好像還好，但我討厭所有的事情。我那時候長得又醜又沒用。常看雜誌後面的讀者問答，想要找找看有沒有人比我更奇怪。在家裡，完全閉嘴沒聲音，整整兩年。我就像是戴了一個面具。我媽問我：「怎麼了？」我說：「沒事。」或者，她說：「你在想些什麼？」我回答：「我不知道。」我覺得當最小的有好多限制，但也比較安全。或許因為我的家人很團結，他們對我的期望讓我能夠繼續努力，而我很多朋友都沒有撐過來。

　　小時候用的「草率處理」方式，在這個階段常常不管用，想要被特別對待的需求越來越刺耳大聲。家長們發現自己面對的似乎是社交問題，既要努力提供不一樣的待遇，又要記得孩子仍是脆弱和需要依賴他人。

二十歲的羅倫斯描述爸媽如何提供「許多空間，讓他可以盡情嘗試」，同時他也「清楚知道界限在哪裡，但一點也不鳥這些」的過程。

三兄弟中，老大湯姆就沒這麼幸運了，勞倫斯說：「湯姆對青春期一點準備也沒有，對他是很痛苦的時期。」

青春期對他來說是件新鮮事，對爸媽來說也是。他們是一對變孤僻的父母，住在小鎮外，搞不清楚孩子青春期會發生什麼事情。「當你受到的對待和朋友都不一樣時，是很尷尬的，而且會有欺騙和麻煩——至少對湯姆是這樣子的。因為我們家的規定和其他人很不一樣，當時湯姆一定過得很辛苦。我爸認為他就是努力工作，賺錢養家，以致完全錯過大哥的成長過程，對於湯姆，我爸解決事情的方式就是給他一巴掌，但當我們兩個小的到這個階段時，已經不再用那種方式處理問題。我想他從湯姆的經驗裡有所學習，但湯姆的確受了不少苦。」

組織父母陣線聯盟

羅倫斯的例子顯露許多重要的議題，尤其是面對十二到十四歲孩子在測試自己界限時，對一個全新經驗所產生的壓力該有哪些反應，既不能過度懲罰或太過嚴格，也不能過於擔心害怕而採取放縱的態度。在這樣的情況下，了解其他家庭對青少年所制

定的「規定」是很重要的。雖
然現在與其他家長閒聊的機會
不如以往那樣多，但在一個不
確定的階段裡，父母如能多少
了解青春期孩子世界裡的主要
問題，以及多認識家長或和同
年齡孩子的爸媽做朋友，便能
得到重要且有幫助的觀察和理
解，都會很有幫助。

> **貼心小叮嚀**
>
> 父母如能了解青春期孩子的主要問題，多和同年齡孩子的爸媽做朋友，交流彼此對青少年的觀察和理解，甚至溝通各家的「規定」，取得一定共識，不管對家長或青少年來說都是正向的發展。

　　大約知道這個年紀的孩子什麼時候該睡覺、白天可以睡多晚、可以有多少零用錢、能參加哪些活動、喝酒規定等等，對家長來說，可以建立一個和其他家庭一樣的界限，並要求孩子們遵守。對青少年而言，可能也會鬆了一口氣，因為有某種界限可以依循，而且是一群家長同意的規則，不必再忍受那些不公平，減少個人的不滿。許多十二到十四歲的孩子會有一種特殊的「技巧」，就是拆解人人的世界，一一比較，尤其是家長和家長，父母和老師，或父母和其他家庭。在「只有我不可以在外面過夜」的情況下，如果有一群家長能夠以關心但不過分侵犯干涉個人的方式調整規定且取得共識，就可避免許多正面衝突、頂撞及反覆爭辯。

【結論】

蛻變

在此階段，多數十二到十四歲的孩子和家長正經歷相當刺激與艱苦的過程。青少年尋找自己的方式來適應這個陌生的階段，此時是他們探索真實自我的時候，可能與自己或爸媽原來期望的不一樣。每一個步驟不只伴隨某種喪失，同時也有所獲得，雖然目前看不太出來，但之後會清楚呈現。

這是家長很擔憂的階段，會因為孩子們的煩惱和痛苦而被迫去注意。有些人會說他們喜歡十二歲的時候，但到了十四歲，就會承認自己當時其實沒那麼開心。本書是關於複雜與擔憂的轉換時期，從一個階段到另一個階段的掙扎過程。這樣的掙扎，可以是豐富卻又具殺傷力的。最好的狀況是，在這幾年動盪的風雨中，由歷經恢復、理解、容忍和誠實的過程而使親子關係更加擴展與深化，父母與孩子可以準備面對分離、成長、改變，以及建立更長久持續的情誼，和對彼此的尊重與珍惜。

蘇柔雯／攝影

國家圖書館出版品預行編目（CIP）資料

10-14歲青少年，你在想什麼？／芮貝佳‧伯格斯（Rebecca Bergese），
瑪格‧瓦戴爾（Margot Waddell）作；
楊維玉譯. ── 初版.── 臺北市：心靈工坊文化, 2012.12
面； 公分.──（了解你的孩子系列）
譯自：Understanding 10-11-year-olds；
　　　Understanding 12-14-year-olds
ISBN 978-986-6112-63-8（平裝）
1.兒童心理學　2.兒童發展　3.青少年心理　3.青春期　3.親子溝通

173.1　　　　　　　　　　　　　　　　　　101025554

心靈工坊 ZPsyGarden
Grow-Up　011

10-14歲青少年，你在想什麼？
Understanding 10-11-year-olds
Understanding 12-14-year-olds

作者─芮貝佳‧伯格斯（Rebecca Bergese）
　　　瑪格‧瓦戴爾（Margot Waddell）
譯者─楊維玉
審閱─林怡青

出版者─心靈工坊文化事業股份有限公司
發行人─王浩威
總編輯─徐嘉俊　特約編輯─謝碧卿　美術設計─黃玉敏
通訊地址─106台北市信義路四段53巷8號2樓
郵政劃撥─19546215　戶名─心靈工坊文化事業股份有限公司
電話─02）2702-9186　傳真─02）2702-9286
Email─service@psygarden.com.tw　網址─www.psygarden.com.tw

製版‧印刷─彩峰造藝印像股份有限公司
總經銷─大和書報圖書股份有限公司
電話─02）8990-2588　傳真─02）2290-1658
通訊地址─241台北縣新莊市五工五路2號(五股工業區)
初版一刷─2012年12月　定價─300元
初版五刷─2023年11月
ISBN─978-986-6112-63-8

Understanding10-12-year-olds
Copyright © The Tavistock Clinic 2008
Understanding 13-14-year-olds
Copyright © The Tavistock Clinic 2005
All the translations are published by arrangement with Jessica Kingsley Publishers Ltd
Complex Chinese Copyright © 2012 by PsyGarden Publishing Company
All Rights Reserved

心靈工坊 書香家族 讀友卡

感謝您購買心靈工坊的叢書，為了加強對您的服務，請您詳填本卡，
直接投入郵筒（免貼郵票）或傳真，我們會珍視您的意見，
並提供您最新的活動訊息，共同以書會友，追求身心靈的創意與成長。

書系編號―GU 011　　　　　　書名―10-14歲青少年，你在想什麼？

姓名 ＿＿＿＿＿＿＿＿＿＿　是否已加入書香家族？ □是　 □現在加入

電話（O）　　　　　　（H）　　　　　　手機 ＿＿＿＿＿＿＿＿

E-mail ＿＿＿＿＿＿＿＿＿＿＿　生日　年　　月　　日

地址 □□□ ＿＿＿＿＿＿＿＿＿＿＿＿＿＿＿＿＿＿＿＿＿＿＿

服務機構（就讀學校）　　　　　　　職稱（系所）

您的性別―□1.女 □2.男 □3.其他

婚姻狀況―□1.未婚□2.已婚□3.離婚□4.不婚□5.同志□6.喪偶□7.分居

請問您如何得知這本書？

□1.書店 □2.報章雜誌 □3.廣播電視 □4.親友推介 □5.心靈工坊書訊

□6.廣告DM □7.心靈工坊網站 □8.其他網路媒體 □9.其他

您購買本書的方式？

□1.書店 □2.劃撥郵購 □3.團體訂購 □4.網路訂購 □5.其他

您對本書的意見？

封面設計	□1.須再改進	□2.尚可	□3.滿意	□4.非常滿意
版面編排	□1.須再改進	□2.尚可	□3.滿意	□4.非常滿意
內容	□1.須再改進	□2.尚可	□3.滿意	□4.非常滿意
文筆／翻譯	□1.須再改進	□2.尚可	□3.滿意	□4.非常滿意
價格	□1.須再改進	□2.尚可	□3.滿意	□4.非常滿意

您對我們有何建議？

＿＿＿＿＿＿＿＿＿＿＿＿＿＿＿＿＿＿＿＿＿＿＿＿＿＿＿＿＿＿＿

＿＿＿＿＿＿＿＿＿＿＿＿＿＿＿＿＿＿＿＿＿＿＿＿＿＿＿＿＿＿＿

▲您的意見，我們將轉貼在心靈工坊網站上，www.psygarden.com.tw

廣 告 回 信
台北郵局登記證
台北廣字第1143號
免 貼 郵 票

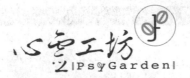

10684 台北市信義路四段53巷8號2樓

讀者服務組　收

免 　貼 　郵 　票

（對折線）

加入心靈工坊書香家族會員
共享知識的盛宴，成長的喜悅

請寄回這張回函卡（免貼郵票），
您就成為心靈工坊的書香家族會員，您將可以——

隨時收到新書出版和活動訊息
....
獲得各項回饋和優惠方案
....